U0113668

老画报人物志

LAOHUABAO
RENWUZHI

周利成　康慧丽　著

中国文史出版社

图书在版编目（CIP）数据

老画报人物志/周利成，康慧丽著．—北京：中
国文史出版社，2022.11
ISBN 978-7-5205-3853-4

Ⅰ.①老… Ⅱ.①周…②康… Ⅲ.①历史人物—生
平事迹—中国—民国 Ⅳ.①K820.6

中国版本图书馆CIP数据核字（2022）第197717号

责任编辑：金　硕

出版发行：中国文史出版社

地　　址：北京市海淀区西八里庄路69号　　邮编：100142
电　　话：010－81136606／6602／6603／6642（发行部）
传　　真：010－81136655
印　　装：北京温林源印刷有限公司
经　　销：全国新华书店
开　　本：787mm×1092mm　1/16
印　　张：16.75
字　　数：226千字
版　　次：2023年3月北京第1版
印　　次：2023年3月第1次印刷
定　　价：65.00元

自　序

　　民国画报已经消失几十年了，也被人们淡忘了几十年，它们沉睡在图书馆、档案馆，或残缺破损，或落满灰尘，少人问津。随着岁月的流逝，虫蚀兵燹，存世日益减少，抢救任务日趋艰巨。我从2000年开始收集民国画报，走遍了全国的各大图书馆、档案馆，前后复制200余种、十几万页。每次翻阅它们，都让我感到惊喜、激动和美妙，惊喜的是我又打开了研究民国史的一扇窗，激动的是众多之前的疑问在其中找到了答案，美妙的是画报的封面女郎向我款款走来、民国人物的趣闻逸事尽收眼底，我随之走进了色彩斑斓的民国时代。民国画报是记录民国历史的重要资料宝库，它对于研究中国近代新闻出版史、政治史、经济史、军事史、教育史、艺术史、体育史等众多学科的历史，都具有重要的参考价值。近几年，我利用画报资料陆续撰写了《北京老画报》《天津老画报》《上海老画报》和《老画报风尚志》等书，《老画报人物志》则是利用画报中的人物资料撰写的一本新作。

　　谈到民国，人们大多用"军阀混战、民不聊生、外侮入侵、内战频仍、风雨飘摇、光怪陆离、醉生梦死"等字眼来形容，但乱世出英雄，民国也是豪杰辈出、志士如云、文人咸集的时代。在纲纪毁坏、大厦将倾的年代，统治者无心他顾，疏于管理，爱国人士救国图存，实业、教育、革命、立宪、共和等救国思想百花齐放。知识分子虽以救国救民为己任，但他们既彷徨又迷惘，想法不一，意见分歧，包括画报在内的新闻媒体也就随之蓬勃发展，出现了多元社会思想风起云涌、文化百家争鸣的盛况。在这个平台上的文人志士举起自由表达新闻真实、深入辨析社会真相的旗帜，铁肩担道义，妙手著文章，为国家命运奔走，为民生社稷呼号，积极参与和干预国家民主政治建设，涌现出如梁启超、鲁迅、张季鸾、邵飘萍、史量才、刘髯公、张恨水、刘云若等众多不畏权贵、追求真相的著名报人，留下了一大批秉笔直书、针砭时弊、揭露黑暗、抨击政府的纪实文章。

笔者本着"旧人新事、旧事新人"的原则，从"旧闻"中找"新闻"，细数往事，澄清历史。撷取画报中的文字、图片，还原了一段段重大历史事件中的一个个小细节，记录了众多历史风云人物大命运中的生活小片段，纪录片式地回放了一幕幕真实的历史场景，真实、生动、鲜活地展示民国人物的悲欢离合、曲折命运、趣闻逸事。每篇文章的基本内容在尊重原著的基础上，参阅相关档案、报纸和文献资料，加以必要的整理、考证、补充，保持原作者的文风，文字或辛辣尖锐，或轻松幽默，或平实朴素。

让这些尘封已久的老画报重获新生，发挥它们应有的社会价值和历史价值，将这笔珍贵的资源与读者共享，也为读者开辟一个了解历史的新渠道。画报中的资料或许不够完整、系统，记事不够准确，甚至观点有些偏颇，但它却能让历史更加立体，更加精彩，更加有趣。这便是笔者撰写这本书的目的所在了。

老画报人物志

目　录

文化界

商 界

体育界

民生百态

学

界

创办中国第一所女子学校的吕碧城

她容貌秀美，气质高雅，穿戴新潮；她才华超群，学贯中西，著作颇丰；她恃才傲物，清高绝俗，终身未嫁；她参透人生，看破红尘，皈依佛门。她的一生充满传奇色彩。她曾为《大公报》第一个女编辑，她曾任袁世凯总统府秘书，她曾任中国第一所女子学校——北洋女子公学的第一任校长，她就是民国才女吕碧城。

吕碧城，一名兰清，字遁夫，号明因，后改为圣因，晚年号宝莲居士。安徽省旌德县人，生于清光绪九年（1883）。父亲吕凤岐，字瑞田，光绪三年（1877）丁丑科进士，选庶吉士（即翰林），曾任江西学政。吕碧城姊妹四人，长清扬，字蕙如；次美荪，字眉生；吕碧城行三。三人皆以诗文名世，有"淮西三吕，天下知名"之称。幼妹坤秀，亦工诗文。吕碧城尤为慧秀多才，工诗文，善丹青，能治印，并娴音律。

吕碧城虽然出身于书香门第，幼时却也经历了一番坎坷。碧城9岁议婚于同邑汪氏。12岁时，吕父弃世。未几，族人觊觎她家的财产，唆使匪徒把母亲严氏幽禁。后在友人时任江苏布政使的樊樊山的帮助下，其母才得以脱险，但因这件不名誉的事，夫家汪氏提出退婚。吕家门祚衰微，无力反对。这对碧城来说，是一生中莫大的打击。此后，吕碧城母女投奔在塘沽任盐运使的舅父严凤笙。

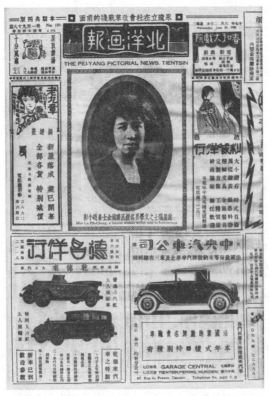

《北洋画报》中的吕碧城

吕碧城的过人之处不仅在于才华，且在于她那罕有的独立要强与胆识。1903年，吕碧城欲入新学，遭舅父反对，碧城一时激愤，次日便毅然离家出走，只身前往天津。身仅分文、举目无亲的吕碧城，在赴津的列车中，幸遇好心人佛照楼的老板娘，将其带回家中安顿下来。当得知舅父署中方秘书的夫人住在《大公报》社，吕碧城便给方太太写了封长信求助。此信碰巧被《大公报》总理英敛之所见，大加赞赏，亲自前往邀吕到报馆内居住，受聘为《大公报》第一名女编辑。她的诗词与文章屡见报，其流露的刚直率真的性情以及横刀立马的气概获得了众人的赏识，而兴女权、倡导妇女解放与宣传女子教育的文章也引起社会的强烈反响，一时"绛帷独拥人争羡，到处咸推吕碧城"。从此，吕碧城在文坛上声名鹊起，走上了独立自主的人生之路。

1860年天津开埠，设立九国租界。西学东渐，自然科学和实用技术为核心的西方教育模式，潜移默化地传入天津。1900年义和团运动后，清政府力行新政，教育上提出"兴学育才实为当务之急"的主张，通令各省大力举办新式学堂。随着西方民主思想的输入，中国女性开始觉醒，"张女权，兴女学"，争取男女平等权利和女子受教育权利，为当时妇女解放的潮流。1903年，直隶总督袁世凯急招天津早期的教育家傅增湘担纲兴办天津女子学堂。

崭露头角的吕碧城活跃于天津的知识阶层，结识了严修、傅增湘、卢木斋、林墨青等社会知名人士。傅增湘很欣赏吕碧城的才华，想要她负责女子学堂的教学。于是，英敛之带着吕碧城遍访杨士骧、唐绍仪、林墨青、方若、梁士诒、卢木斋等在津的社会名流，着手筹资、选址、建校等工作。

1904年11月7日，天津公立女学堂在天津河北二马路正式开学。《大公报》次日报道："昨日午后二点钟，由总教习吕碧城女师率同学生30人，行谒孔子礼。观礼女宾日本驻津总领事伊集院夫人……男宾20余位。诸生即于是日上学。"吕碧城担任总教习，负责全校事务，兼任国文教习。按照英敛之、吕碧城等人的意见，学校定名为"北洋女子公学"。

尽管上海的经正女学堂创办于1898年，但究其性质而言，不过是家塾式的私立女学堂。直到北洋女子公学的成立，中国才有了真正意义上的公立女子学校。但实际上，该校仍然是一所贵族女子学校，就学的大多是官宦或

《丁丁画报》介绍了吕碧城的早期作品

富商人家的小姐。这其中的主要原因，正如吕碧城所说，是因为大部分人家"仍守旧习，观望不前"，即使有人愿意让自己的女儿上学，也是"各于家塾自相教学焉"。如此一来，随着官员们的来往调任，学生经常中途离去，所以，尽管上学的学生不在少数，但能够真正完成学业的就寥寥可数了。

吕碧城执掌女子学校总教习一事，在社会上曾轰动一时。1909年，后为南社著名诗人的陈庚白时13岁，就读于天津客籍学堂，仰慕吕碧城的大名，曾暗中前往女子学堂窥其风采。后来任总统府秘书的沈祖宪，曾称吕碧城为"北洋女学界的哥伦布"，赞赏其"功绩、名誉，百口皆碑"。

身为校长的吕碧城很有一套自己的办学理念。她认为女学不单是为了启迪女童的智慧，更是为了争取受教育的权利。她曾在《论提倡女学之宗旨》一文中写道："女学之倡，其宗旨总不外普助国家之公益，激发个人之权利两端。"她意识到女子教育的宗旨不是单纯地培养贤妻良母，而是要造就"对于国不失为完全之国民"，"对于家不失为完全之个人"的一批新型人才。她认为女性与男性同样具有个人和国民的双重身份，京津享有双重的权利与义务。这一思想不仅为女子教育的功能立论，而且着眼于广大女性的个体发展。为了贯彻自己的教育思想，她提出必须使女子在德、智、体三方面全面发展，并将德育放在

《日曜画报》中的吕碧城

首位。

吕碧城在天津办学期间，时任直隶总督兼北洋大臣的袁世凯非常欣赏她的道德文章，也赏识她的办事能力，聘请她为自家的家庭教师。吕碧城利用业余时间给袁家的女眷们以启蒙教育。

袁世凯以他的战略眼光认识到，要兴女学，必须有充分的师资，筹办女子师范学堂随即提上日程。遂委派傅增湘具体负责筹办。在傅增湘的"学术兼顾新旧，分为文理两科，训练要求严格"办学方针的指导下，1906年春天，北洋女子公学增设师范科，学校名称遂改为北洋女子师范学堂，租赁天津河北三马路的民宅作为校舍，第一期只招学生46人，后又在津、沪等地招生67人，学制一年半，称为简易科。1908年又招完全科，学制四年。同年夏，北洋客籍学堂停办，遂将其地纬路新址让与北洋女子师范学堂，该学堂渐具规模。由傅增湘提名，吕碧城出任该校监督，即校长。她把中国的传统美德与西方的民主、自由思想结合起来，把中国的传统学问与西方的自然科学知识结合起来，使北洋女子公学成为中国现代女性文明的发源地之一。她希望她所培养的学生将来也致力于教育和培养下一代，"为一个文明社会的将来尽各自的力量"。在此学习的许多学生后来都成为中国杰出的革命家、教育家、艺术家，如邓颖超、刘清扬、许广平、郭隆真、周道如等，她们都曾亲聆过吕碧城授课。在沉寂的中国大地上，吕碧城为女性的整体觉醒播下了一粒粒希望的种子。

民国成立后，北洋女学停办，后改为河北女子师范学校。吕碧城离职后，曾任职袁世凯总统府秘书，虽然她也曾经有过短暂的喜悦，但她很快就发现这个听起来很崇高的职位，其实不过是个闲差。加之政治舞台上的纷争，丑陋的官场很快让她厌恶了。吕碧城遂于1912年辞官离京，移居上海。

学界

梁启超与"饮冰室"

发生于1898年6月至9月的百余日的戊戌变法,是中国近代史上最重要的事件之一,因事件的主角是康有为和梁启超,因此又被称为"康梁变法",而其中梁启超则与天津有着不可割断的渊源。说起梁启超与天津的不解之缘,自然要从位于旧意租界的"饮冰室"说起了。

经天津逃逃日本

梁启超与天津的渊源人们多以为始于1915年,也就是其定居天津之时。其实梁启超一生中的很多关键时刻都是由天津这座城市见证的。戊戌变法失败后,梁启超为躲避清王朝顽固派的追杀,在日本人的帮助下乘火车逃往天津。到达天津后,梁启超在日本驻天津领事馆领事郑永昌的帮助下,坐帆船下白河逃向塘沽,准备乘停泊在塘沽的日本军舰"大岛"号离开。此时,直隶总督荣禄派出的追捕队已乘汽艇一路追来,眼看就要追上。在这千钧一发之际,追捕的汽艇却掉头驶向他处,梁启超躲过一劫。惊涛骇浪之中,梁启超与天津这座城市有了"生死之交"。据说。这位负责带队追捕梁启超的王修植,时任北洋候补道兼北洋学堂总办,此人倾向维新运动,曾经草拟开铁路、设邮政、裁绿营、立学堂、废科举等奏章上奏光绪帝，并被认可实行；且王修植在变法期间曾与梁启超有一定交往，不排除其当时有意放走梁启超。

14年后，梁启超回国后的第一站仍是天津。辛亥革命成功后的次年，梁启超从天津新港登岸回到了祖国。1912年9月30日，梁启超乘"大司丸"从门司出发，离开日本，10月5日，行至大沽口外，8日午后，梁启超再次踏上了天津这块熟悉的土地。与14年前仓皇夜奔、只身去国的狼狈截然不同，对他的这次归来，国内各种政治势力普遍表示欢迎。

定居"饮冰室"

1913年，梁启超将全家迁回祖国。鉴于北京政治气候的复杂，他决定把家安在天津。1914年，梁启超在天津意租界西马路购买了周氏的一块空地，着手修建寓所。建筑图纸由意租界工部局工程处审定，要求极为严格。标准是：新建楼房要有个性，不能雷同；要与周围景观和谐匹配；要兼顾艺术性和实用性。因此，竣工后的前后两幢小楼可谓独具匠心，独树一帜。

这两幢楼建筑面积1121.08平方米。主楼在前，带地下室，楼内居室9间，过厅、窨子及杂房13间。前楼分为东西两部分，东为书房、客厅、起居室，西为居室。当时，在镶着彩色玻

梁启超居住在天津意租界时在意大利驻津领事馆的房产登记

饮冰室主人梁启超

璃的圆顶下面的前厅里还挂着一幅1米高的梁启超得意门生蔡锷将军的巨幅肖像。后楼稍低于前楼，楼间有过桥走廊相连，上下两层各6间，主要是厨房、锅炉房、杂房和佣人居室。院内附设门房、车库。这所楼规整简朴，气势恢宏，浅色的水泥墙面和深色的窗套形成色彩对比。长方形大窗，线条流畅，采光通风效果极佳。该楼为砖木结构，石砌台阶，双槽木窗，室内装潢考究，上下水及暖气、卫生设备齐全。1915年，梁启超全家进住，他在前楼东部一楼写作、会客，楼上居住。在这座故居里曾发生了一系列历史事件。1915年夏秋之际，袁世凯欲恢复帝制，蔡锷将军以治病就医为名来津，就是在这里与梁启超共商护国大计，梁启超故居遂成了从云南爆发并波及全国的讨袁护国运动的策源地。

"饮冰室"先有其名，后有其房。"饮冰"二字，语出《庄子·人间世》的"今吾朝受命，而夕饮冰"之句。1924年，在故居的西侧又建成了一座新书斋，因梁启超撰写的大量文章均署"饮冰子"的笔名，所以，书斋便取名"饮冰室"。饮冰室由意大利建筑师白罗尼欧设计，是一座意大利风味十足的两层小楼。砖木结构，带地下室，建筑面积949.5平方米，共有房屋53间。这所楼与梁启超故居的设计大相径庭，虽同为意式建筑，但折中主义风格明显，设计极富个性，这与当时欧洲流行的设计风格有关。楼正面有三连拱门洞，两侧为石台阶，当中一个蓄水池，池中雕一石兽，口中流水不绝，楼上正面凹进、有大露台。两侧墙面凸出，为横条状水泥断块。整

梁启超故居和饮冰室（今民族路44号、46号）

幢楼线条流畅，典雅浪漫。一楼大厅宽敞明亮，为书房和图书资料室；二楼设客厅、资料室和居室。饮冰室第一层是梁启超专用的书房和客厅。书房里挂着一幅陈仲恕的国画巨松，陈设着他从欧洲带回来的白色大理石雕塑——垂死的高卢人。

梁启超在"饮冰室"走完他最后近14年的人生旅途。在这个舞台上，他演绎或参与了许多波澜壮阔的政治舞剧，并留下了浩繁的著述文字。因此，在"饮冰室"可以找到中国近代史上民国初期许多重大事件的痕迹。"饮冰室"的历史，从一个方面说明了那个时期天津的社会风貌和梁启超在中国的地位。

护国运动的策源地

1915年，复辟活动正加紧进行，宵小之徒频繁出入总统府，四处为帝制制造舆论，北京城一时群魔乱舞。而这时，远在天津的梁启超寓所也时常彻夜长明。蔡锷借口赴天津就医，不时秘密出入"饮冰室"，与自己的老师商讨对策。其实早在4月，辞官闲居的梁

蔡锷

启超就看穿了袁世凯称帝的野心。曾作长信一封，告知"逆世界潮流以自封，其究必归于淘汰"的道理，劝其"稍捐复古之念，力为作新之谋"。但袁世凯对梁启超的劝告不屑一顾，先是成立"筹安会"，大造帝制舆论，后成立"大典筹备处"，秘密筹备登基事宜。民国岌岌可危，辛亥革命成果就要毁于一旦。

"筹安会"成立的第二天即1915年8月15日，蔡锷便急忙赶赴天津与梁启超共商大计。梁启超告诉这位年轻的学生"余责任在言论，故余必须立刻作文，堂堂正正以反对之，君则军界有大力之人也，宜深自韬晦，勿为所忌，乃可以密图匡复"。蔡锷遵从与老师的约定，返回北京后，继续韬光养晦、虚与委蛇。

梁启超笔锋凌厉，锐不可当，其影响力与蔡锷将军的军事实力不相上下，始终让袁世凯寝食难安。根据与蔡锷的既定分工，8月21日，梁启超写就了《异哉所谓国体问题者》一文，不顾袁世凯的收买和露骨威胁，公开向复辟帝制的行为宣战。《北洋军阀史话》一书这样评价这篇文章："（它）对筹安会和袁称帝的打击，不卜于蔡锷领导的护国之役。"

与此同时，身在北京的蔡锷依照与老师的天津之约，佯装拥护帝制，于8月25日以"昭威将军"的名义领衔签名表示拥护帝制，与自己的老师唱起了"对台戏"。待袁世凯对其放松警惕后，蔡锷托病须赴日疗养，在梁启超家中改头换面之后逃走。一路奔波，绕经日本、越南，最终在12月19日到达云南，并于12月25日宣布云南独立，出兵讨袁，护国战争爆发。

　　蔡锷出逃后，梁启超借口赴美就医，于12月16日秘密离津南下，再次踏上流亡之路。在上海停留数月后，梁启超秘密乘日本邮船"横滨丸"抵达香港。当时，梁启超蛰伏在船舱的最下层，"在锅炉旁拓一室，饮食寝处其间，溽闷至不可耐"，这段时间是梁启超一生中最为艰苦的日子。次年3月，梁启超抵达广西，利用自己的声望广泛联络各地力量反袁，成为护国运动的灵魂人物。受西南反袁护国运动的影响，南方各省纷纷宣布独立。袁氏众叛亲离，被迫宣布取消帝制，并于数月后病逝，共和国体遂得以维持。而这一切，均定策于梁启超"天津之寓庐"。

著述1400余万字

　　梁启超以文章名世，他的文章文风活泼、感情充沛、煽动性极强。早在20世纪初，梁启超就以笔墨为武器，以报章为阵地，宣传新思想、传播新观念、介绍新知识。他当时创造了一种半文半白、流畅可读、非常适合报章刊发的"新民体"，在开民风、启民智、宣传进步思想方面起到了非常重要的作用。

　　如果说笔是梁启超手中的武器，那么报纸就是他的阵地。据统计，自1895年开始办报至1922年，其亲手创办及支持的报纸达17种之多。自日本回国

梁启超书法

1928年1月1日，梁启超为《艺林旬刊》题词"搜妙创真"

前，梁启超曾表示不入政界，愿意办报，通过报纸发表政见，指导当局，影响社会。《庸言》就是梁启超归国后不久在天津创办的报纸。

梁启超生平以著作报国，达40年之久。终其一生，梁启超"眼中无书，手中无笔之日亦绝少"，生平著述总数竟达1400余万字之多。尤其是在"饮冰室"，梁启超写出了许多有影响、有价值的专著，如《中国近三百年学术史》《辛稼轩先生年谱》等。一直到他生命的尽头，他仍笔耕不辍。1928年10月12日，梁启超病重，再次住进了北京协和医院，1929年1月19日逝世。美国历史学界评价梁启超是"以非凡的精神活力和自成一格的文风，赢得全中国知识界的领袖头衔，并保留它一直到去世"。

亦庄亦谐刘半农

1934年7月14日，中国新文化运动先驱刘半农在北平病逝，年仅44岁。生前旧友鲁迅、胡适、赵元礼、湘如等或撰文或挽联，追思刘半农的卓越成就和幽默人生。

投稿起家

1934年8月18日《北洋画报》中《刘半农投稿起家》一文，介绍了刘半农的简要生平。

刘半农

刘半农，江苏江阴人，原名寿彭，更名复，初字半侬，后改半农，晚号曲庵。少时在江阴中学读了几年书，因家境贫寒，不待毕业便到上海，谋了一份月薪12元钱的小差事。时值鸳鸯蝴蝶派小说盛行，所谓"小说争传艳与香，不谈美女即才郎。可怜著作等身客，千字文章值半洋"。刘半农也用了一个带有香粉气的笔名"半农"，四处投稿，以换取生活费。当时的投稿人分为两种，一是非职业投稿，一是职业投稿。职业投稿者因受生活压迫，不得不迎合现实，丧失自我，徒知阿俗取宠，以求作品有出路。作品虽有出路，但自己思想的出路却被扼杀了，故而很难取得成就。刘半农当时也是职业投稿者，但却算是自强不息、出类拔萃的例外。

《北洋画报》中《刘半农投稿起家》一文

刘半农在文坛中渐有文名，遂得升至中华书局做了一名小编辑，专门翻译外国小说和福尔摩斯探案之类书籍。如果长此下去，刘半农可轻松混到徐枕亚、张恨水一流人物的地位。但他却凭借着绝顶的聪明、正确的判断力，抓住了时代的脉搏，赶上了社会的潮头，投身《新青年》，参加文字革命，成为五四运动的一员偏裨战将。

1916年12月，蔡元培新掌北京大学，锐意改革士风，接受西洋文化。为了网罗人才，他把目光放在了杂志的投稿者上，并发现了不少的人才。例如，陈启修教授便是在《学艺》上发表了几篇文章而被看中的；陈独秀则是经《新世界报》汤尔和之介绍。《新青年》上投稿得力的人员多被延揽至北大，刘半农是因在《新青年》上刊发的《我之文学改良观》而被破格聘为北大预科国文教员。刘半农这位少年失学的青年，却如锥处囊中，脱颖而出。1920年便由北大公费送到欧洲留学，得了个博士回来，成为中国一流的学者。

回国后，刘半农曾任教育界要职，但始终未离北大。其翻译之《茶花女》，1932年冬曾由余上沅主持，公演于北平协和礼堂，博得观众极高赞誉。

幽默诙谐如吴稚晖

刘半农天资聪颖，谈吐诙谐，其作品亦如其人，多以幽默论调讽世规俗。1934年9月20日《北洋画报》刊发的《刘半农与吴稚晖》一文，作者窦炳讲述了几段刘半农的趣闻逸事。

刘半农一生的滑稽性格，一直以吴稚晖做范本。吴稚晖自述写文章的秘诀取法于"放屁放屁，真正岂有此理"这一句话。刘半农便去寻这句话的出处，当找到《何典》一书时，他欢天喜地曰："吴老丈的老师被我们抓到了！"于是，刘半农"悉心静气，将此书一气读完。读完了将它笔墨与吴文笔墨相比，真是一丝不差，驴头恰对马嘴"。刘半农在重印序言中说到，吴稚晖的滑稽之处在于把任何天大的事情都看得米小。例如，1932年江苏省政府改组，有新闻记者向吴稚晖探询消息，他便说那是等于土地庙改组无关紧要。

1923年2月，中国现代哲学界展开了一场科学与人生观的大论战。吴稚晖写了一篇压阵的大文章《一个新信仰的宇宙观及人生观》，以闲谈的方式、诙谐的笔调，发表了自己独到的意见。他声明，我所谓"新信仰的宇宙观及人生观"，并非哲学家的宇宙观人生观，而是"柴积上日黄中乡下老头儿信仰中的宇宙观人生观"。刘半农佩服得五体投地。

1931年，刘半农曾任国立北平大学女子学院院长，主张女子应称呼"姑娘"，而不应以舶来品之"蜜丝"为时尚，引起社会之论杂，平添几许谈资。同年，他辞去院长之职，与钱玄同、黎锦熙等专心编纂《中华大辞典》，以注音字母之顺序为排列，每编一字则上穷金石籀篆，下究白话方言，致有引申假借之义，无不推原究竟，研讨无遗。其篇幅较之陆尔奎《辞源》，大过百余倍。故而刘半农乐此不疲，当作终身事业，但却事未成身先去。

1933年秋，北平女子学院发生风潮，院长顾澄辞职，外间曾传将由刘半农继任。为此，刘半农对外发表评论，语极滑稽，酷类吴稚晖的口吻，他说："院长人选云云，这不知道是哪一阵风里刮来的无根之谈，真是岂有此理。我因为不愿做事务员，才把什么院长、教务长辞个干净，安心读书。若要我把已开的书本阁去，去当事务员，除非饿得要讨饭。自然做事务员比讨饭好。老实说，做一个学院院长的光荣，在我眼中，未必比一堆花生米更有风趣。但人各有志，所以观点不同。犹之乎官僚军阀把我们书呆子看得不如干屎橛，而我们也必须自认为活该。"

刘半农赴西北调查方言时，在百灵庙山坡上出恭，吟得两句颇有盛唐气味的诗句："登山拉屎去，天地一茅房。"这自然又是在步吴稚晖的后尘了。为此，作者赋诗一首："吾爱吴夫子，萧闲晒日黄。滑同刘老老，稽赛汉东方。改组江苏省，重修土地堂。登山拉屎去，天地一茅房。"

刘半农善写打油诗，常署名"桐花芝豆馆主"。他的弟子解释说，相传昔有蔡某，为文辄自称蔡子，一日以所作诗文呈苏东坡请教。苏东坡略一翻阅，便曰："此打油诗也。"蔡子大骇曰，生虽不

◁札手生先远致任人友其致前生士博农半刘之世近近最▷

刘半农致友人任致远手札

肖，何遽至此？答曰："菜子不打油更有何用？"刘半农将桐子、花生、芝麻、大豆这些打油的原料齐聚一身，便可打出很多很好的油来，写出更多更好的打油诗。刘半农曾刊登启事，广泛征求各种骂人的方言。好友赵元任、钱玄同见报后联袂登门拜访，分别操各种方言把他大骂一顿，他却逐一认真记录，骂人的人却已笑破了肚皮。

内蒙古虱子要了命

1934年6月下旬，刘半农偕历史学家白涤洲、沈仲章、周殿福等人，到归绥（今呼和浩特）考察方言。抵达百灵庙时，他们夜宿乡村草房。大家都睡在土炕上，唯独刘半农自备一张行军床，在舍中支架独卧。入夜，刘半农故意在行军床上做僵卧状，开玩笑说："我这是停枢中堂啊！"闻者大笑。但谁又能想到，这句戏言竟成了他自己的谶语。

考察中，刘半农突然发烧不退，不得不回到北平。但病情并未引起刘半农的重视，他只是请了中医诊治，喝了些汤药。后来，病危时才送至协和医院。经医生检查，刘半农血中有螺旋菌，这是从内蒙古的逆旅中，由虱子传染来的黄疸病，又称回复热。医生说，如果发现及时，只消注射一针"九一四"便可治愈，但当时却为时已晚，回天乏术。有人说，1931年刘半农的介弟刘天华因患猩红热而病逝，就是西医治疗不当所致。因此，刘半农因含悲手足而痛绝西医。但这次却因此断送了自己的生命。

刘半农一生幽默，故而他生前近亲至友在撰写挽联时也多诙谐之语。

刘半农的弟子作《桐花芝豆堂私淑弟子挽诗》曰："光头何必着袈裟，削发抄残虱子家。死作城隍应不愧，曾编何典备稽查。"

作者在释文中说，刘半农此次因赴西北调查方言，在内蒙古传来虱子，被染得螺旋菌之回复热病，协和医院查知病源，即将其头发剃得精光，以防虱子滋生传染，无奈病势沉重，竟然病逝。他在昏迷中曾呓语道："将作城隍去。"他生前因吴稚晖之言，将《何典》一书翻印行世，中论各种鬼物，刘半农且亲绘一图，形态毕肖。"今若果作鬼宰，则典籍具在，亦有驾轻就熟之快也。"

北京大学某教授所拟挽联颇富幽默。上联曰："五四云乎哉？以博士而修城隍，如呓复如狂。我替新文学估价，自它他两字发明以来，还是嫖经能救世"。下联为："先生今已矣！因滑头致遭苦打，有情兼有趣。谁知百灵庙远游，竟毛发一齐剃光头而还，可怜虱子不饶他"。

胡适、赵元任的挽联饱含着对挚友的浓浓情思和短暂一生的肯定。前者是："十载凑双簧，无词今后难成曲；数人弱一个，教我如何不想他"。后者为："守常惨死，独秀幽囚，新青年旧伙，如今又弱一个；拼命精神，打油风趣，老朋友当中，无人不念半农"。

周作人打油诗风波

周作人

1934年1月13日是周作人五十虚岁的生日。他在13日、16日写了两首打油诗，吟咏自己的五十大寿。其一："前世出家今在家，不将袍子换袈裟。街头终日听谈鬼，窗下通年学画蛇。老去无端玩骨董，闲来随分种胡麻。旁人若问其中意，且到寒斋吃苦茶。"其二："半是儒家半释家，光头更不着袈裟。中年意趣窗前草，外道生涯洞里蛇。徒羡低头咬大蒜，未妨拍桌拾芝麻。谈狐说鬼寻常事，只欠工夫吃讲茶。"这两首诗表现了周作人意志消退，态度消极，与世无争，闲雅淡适的心理和状态。

友人赵巨渊把周作人的诗寄给了上海的《现代》月刊杂志。同年2月1日，该刊出版的《周作人五十诞辰之祝贺》专版，将这两首诗影印刊载出来，并改题为《五十诞辰自咏诗稿》。此刊一出，立刻引起了许多文人的唱和追捧。林语堂在4月5日出版的《人间世》创刊号上不仅刊出了周作人的这两首诗，而且还有刘半农、沈尹默、

1922年5月，鲁迅（前排右三）、周作人（前排左三）与世界语学会会员合影

林语堂的唱和诗。此后，蔡元培、胡适、钱玄同、郑振铎等文坛诸多名流大腕，纷纷步韵和诗，好不热闹！

20世纪二三十年代的中国虽是政治乱世，却也是文化盛世。这一时期，军阀有军阀的气度，政客有政客的操守，文人有文人的风骨，百姓有百姓的模样。这也就形成了一个政治宽松、言论自由、百家争鸣的现象。文人们可以以笔代枪，骂政府、骂官员、骂世道，也可以攻击自己的对手，因此，口水战、笔墨官司层出不穷。周作人的打油诗也曾引起不小的风波。1935年4月30日《北洋画报》刊登的沐女的署名文章《周作人先生一页账单》，告诉我们这场笔墨官司在一年后仍未停歇。

在名流大腕唱和周作人打油诗的同时，批评之声也是甚嚣尘上。先是署名"巴人"所写《和周作人先生五十自寿诗原韵》五首，讽刺说："几个无聊的作家，洋服也妄称袈裟。大家拍马吹牛皮，直教兔龟笑蟹蛇。"4月13日，更有廖沫沙以"埜容"的笔名在《自由谈》上发表文章，以周作人诗的原韵和诗："先生何事爱僧家，把笔提诗韵押裟。不赶热场孤似鹤，自甘凉血懒如蛇。选将笑话供人笑，怕惹麻烦爱肉麻。误尽苍生欲谁责？清谈娓娓一杯茶。"语言诙谐，意趣天成，着实地调侃了一把周作人。

面对批评之声，周作人虽一贯持"任凭风浪起，稳坐钓鱼台"的态度，偏巧那时他出版的书销路不好，于是他终究还是按捺不住发了发牢骚，说自己"被一班维新的朋友从年头直骂到年尾"。又说："这骂于我有什么坏处？至多影响着我的几本书的销路，一季少收点版税……这骂于人家有什么好处？至少可以充好些杂志的材料，卖点稿费。"于是，又被作者沐女抓住了把柄，展开了新一轮的笔墨战："其实真正的有一班前进的青年来骂他的时候，那是在他替林语堂辩护之后。他决不是像他自己说的那么可怜，真的是一年到尾都在挨骂。但是他的作品，去年的销路不好，大概是事实，他因此就认为这销路是被别人骂坏的。""（周作人先生的这番话）似乎有点不和于学者，尤其是'闲适'的学者的态度。他必是'清算'过这一年究竟少卖多少本的书，少抽了若干元的版税，而同时别人骂他的文字，共有多少篇，可得稿费几元几角，列有详单，以资对核；眼看自己的版税都成了别人的稿费，为何不痛心疾首？"

作者更是耐下心来，为周作人讲了他对国内书刊市场调研后所得出的结论。"近年来因为社会经济日趋衰败，一般的购买力异常减退；这反映在出版业上便是单行本的书，销路不好，而各种杂志的定期刊物，却特别畅售，因为一本十二三万字的书，普通定价就要一元，实在太贵，而杂志就便宜得多。至于大出版家之竞印业书，小书店的发售一折八扣，也都是这不景气下，应景的现象。买书的读者，和卖书的商人都是在很困难的情境中过着。这本来可以看得很明白的，惟有离开实践的社会，躲在'象牙塔'里的隐士或者会不甚了然；他会因为自己的著作的销路不及从前，错怪及迁怒到别

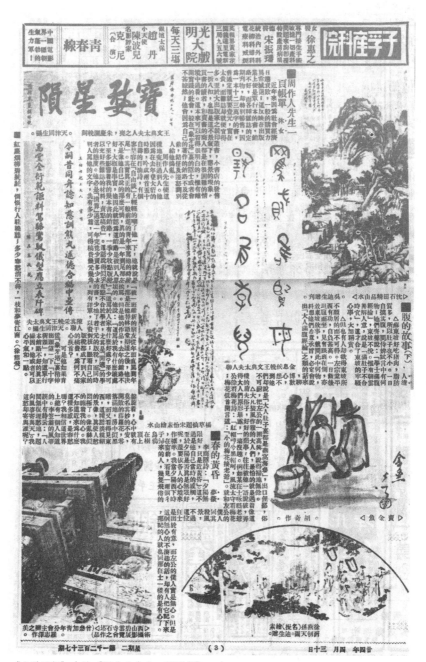

《北洋画报》中的《周作人先生一页账单》一文

人给他捣乱。"

文章最后劝周作人先生说，如果他肯从北大校园里走出来，到十字街头稍伸出头望一下，便会知道单行本销路不好的真正原因了，他便可以心平气和一点了。

无从考证周作人先生看了这篇文章是不是"心平气和"了些，此后一段时间未见周作人先生对此风波发表任何言论。直到1936年6月，周作人才在《谈鬼论》中"心平气和"地做了解释：三年前我偶然写了两首打油诗，有一联云"街头终日听谈鬼，窗下通年学画蛇"。有些老实的朋友见之哗然，以为此刻现在不去奉令喝道，却来谈鬼的故事，岂非没落之尤乎？这话说得似乎也有几分道理，可是也不能算对。盖诗原非招供，而敝诗又是打油诗也，滑稽之言，不能用了单纯的头脑去求解释。所谓鬼者焉知不是鬼话，所谓蛇者或者乃是蛇足，都可以讲得过去。若一一如字直说，那么真是一天十二小时站在街头听《聊斋》，一年三百六十五日坐在南窗下临《十七帖》，这种解释难免为姚首源所评为痴叔矣。

从文豪到巨骗的吴统续

他毕业于北京法政专门学校，曾赴法国留学，到日本考察，精通法语和日语；他是红极一时的写手，《庸言》的一支健笔，擅写政治、经济评论，深得梁启超赏识；他是民国时期的政客，曾任国务总理潘复、交通部长叶恭绰、武汉卫成司令部司令胡宗铎的秘书；他弃政从商，开汽车行、设银号，却因接连亏累，不得不携款潜逃。他就是从文豪到巨骗的吴统续。

1934年6月12日《天津商报画刊》刊登的《文豪竟成巨骗》一文，披露了当年上海某报的一则惊人消息："上海统庆银号、福元金号经理吴品今，引诱亲朋存款，滥以银号本票贴现，卷款15万元潜逃无踪。"看到这则消息，该文作者黑丁不禁想起十余年前在全国各种刊物中时常见到的署名吴统续的文章。这些文章大都是关于政治、经济各项问题的论评，洋洋洒洒，动辄数千言，有时也署名吴品今。此人仿佛在梁启超所办的《庸言》中也曾刊载过鸿篇巨著。吴统续当时不仅是时髦文豪，而且还是一名当红政客，在财政部、内务部（1928改称内政部）等政府部门均曾任要职。

上海某报刊载吴品今卷款潜逃消息的同时，还在消息旁边登出了一张照片，照片加注曰：吴品今，一名吴统续。只可惜黑丁先生与吴统续未曾谋面，从照片上看，还不能确定此人是不是当年的吴

1934年6月12日《天津商报画刊》中的《文豪竟成巨骗》一文

统续。但他心想，世间同名同姓的人固然很多，而吴品今、吴统续两个名字同时相同，这恐怕就不是偶然了。何况该报刊登的文字中还明确称，该人曾受过高等教育，久在政界，遂可断定此吴统续即彼吴统续了。只是昔日的文豪、政客，为何转瞬间就变成了一个滑稽骗子呢？这真让人如堕五里雾中，深感莫名其妙。真可谓士别三日，当刮目相看啊！

上海某报具体报道了该案案情。吴统续曾受高等教育，善操日语、法语，久在政界，交游甚广，因此认识他的人都为他叹惜，口中连称实在不值得！吴统续的骗术也非常离奇，他初以重利做诱饵吸引储户将钱存储于他的银号，如存入1000元，即与储户订立红纸议单，每月付息250元，以数载为限。有人对这么高的利息提出疑问，他回答说，我是做金子生意，一月后获利一倍，还是很有把握的。浦东铁厂一个名叫张企文的人经不起吴的劝诱，初存100元，后增存至1000元，均得履约付息，且从不愆期，张遂加储至1万块大洋。吴统续财源滚滚，他又借机将本票贴现，这便加大了银号的风险。但人们天真地认为，吴与众多达官显贵过从甚密，甚至一些军政要人都是他的储户，根本无须担心本票不能兑现。但随着利息支出数目急剧增长，吴统续自知无法支撑，只得鸿飞冥冥、逃之夭夭了。据了解，吴统续的储户多是他的亲朋好友，受骗的外交家、教育家也不在少数。吴统续的银号位于天妃宫桥北，即昔日中华晚报旧址，该号与桥南各行庄平素并无业务来往，其本票贴现更是行迹诡异，欺诈手段也是极其荒诞。该号经营的破绽早已显现出来，只是一般人并未觉察而已。

6月14日，画报中的《吴统续潜逃之续报》一文，则较为详尽地介绍了吴统续的生平。经有关方面证实，在逃的吴统续确系梁启超先日所赏识的文学家，是《庸言》报的一支健笔。吴品今是他的字，名宽，一名统续，这几个名字当年曾享誉大江南北。民国初年，吴毕业于北京法政专门学校，成绩优良，由梁启超出资送其赴法国留学，攻读法政。归国后，曾著《国际联盟与其趋势》一书，在商务印书馆出版，梁启超作序。1918年3月，吴在北京创办《法政》月刊。1920年10月，上海《时事新报》和北京《晨报》共同出资选派16名驻外记者，分赴美英法德俄等欧洲各国，担任调查通讯事宜。吴为德国特派员，成为中国第一批外派记者，开我国新闻界一新纪元。叶恭绰任交通部长时，吴入该部任秘书，并充职工教育委员会主任。潘复为国务总理兼掌交通部时，吴充任编译处主任。

北伐战争爆发后，吴统续在武汉充任武汉卫戍司令部司令胡宗铎的秘书及汉口公共汽车管理处主任。军阀混战中桂系失败，吴一度赴香港经商。时间不长，即携资来到上海，在拉斐德路（今复兴中路）投资开办一家汽车公司，因经营不善，亏累而歇业。后经友人介绍进入外交部，部长王正廷曾派他赴日本横滨考察。在日期间，他与一个名叫野村君江的日本妇人相识，据说该日妇原为一名舞女。

归国后，吴统续即携该日妇回到江西原籍。嗣后，吴出任江西省政府主席熊式辉的省政府秘书。1933年，吴再次来到上海，靠做金砖生意赚了一大笔钱，并以该资金创设统庆银号。1934年开福元金号。这两家银号的交易往来，多属其旧友同僚。岂料，他竟背信弃义，偕日妇野村出逃。当时，野村的妹妹也在上海，日本领事馆警察署遂将其带署讯问。获悉，野村之妹来华并未向日本领事馆登记，对姐姐与吴的行踪更是一无所知。

经警方调查得知，此案的被害人多为吴的旧友，大都器重吴的才智，因援助而投资。最终却落得一个人财两空的结局，众人无不扼腕叹息。但大多数受害人仍然对吴抱有幻想，认为吴是青年才俊，在政界交友甚广，政府各派对他也都寄予厚望，如果他能够回来，大家仍愿与之和平解决。

查阅当年报刊资料，此案再无下文，吴统续其人也是杳无音讯。

郑日东禁止男女携手同行

　　1934年，蒋介石在全国倡导新生活运动，各地政府纷纷响应，并且出台了相关的地方政策。南京、南昌禁止女性裸腿露臂，对女性服装给予了严格规定；北平市长袁良下令禁止男女同学、同泳；广东省效仿北平同样禁止男女同泳。同年7月，广东省督销局局长郑日东向省政府递交了一个提案，竟然建议政府禁止男女同行！虽然该提案政府最终并未采纳，但在历史上素为开风气之先的广东省却掀起一场争论，闹得沸沸扬扬。同年7月26日、28日的《天津商报画刊》，原文公布了提案内容，并批评此提案为"大开倒车的怪提议"。

　　7月26日《天津商报画刊》署名"伊阿"的《大开倒车的怪提议》一文称，上海《申报》新近刊载了广州一个叫郑日东的提案，他向政府提议禁止男女同行。"在这个年头和潮流之下，还要说什么'男女之大防'，真是开倒车不知开到几千万里路远了！"这篇500余字的洋洋大文，可同15年前《新青年》杂志上所登署名"王敬轩"那篇怪文相媲美了。但是"王敬轩"是假托的，并无其人，而郑日东的条陈却是言之凿凿。现将其全文刊登出来，可谓奇文共赏吧！

　　自世界文明灌入中土，欧风美雨相逼而来。吾粤开化最先，步趋恐后。妇女解放，社交公开。赠芍采兰，播艳闻于涪外；归荑贻

1934年7月26日《天津商报画刊》中的《大开倒车的怪提议》一文

管，传韵粤于城隅。当此过渡时期，两性追求容或有荡检逾闲之举，旁观指摘，遂引为人心世道之忧。思想各走极端，意见自难融合。前日钧府颁取缔男女同泳之令，益惹起社会注意。民性本顽固，志在圣贤。既痛嫉乎新潮，尤力崇乎古礼。窃以为泳场混杂，取缔固在所当先。而过市招摇，防范亦不容少缓。在昔"男子由右，妇人由左，见于王制道路"之文，"有女同车，有女同行，斯乃郑卫淫奔"之诗，近以世风愈下，民德多乖，竞效时髦，罔遵礼教。金闺丽质，恒踯躅于街头；绣阁妖姿，惯翱翔于道左。涂脂抹粉，藉作目标；露背袒胸，姿为肉诱。以致游蜂逐队，喜秀色之分餐，浪蝶追踪，冀余香一嗅，轻薄者亦驰骛其心。邂逅中或结邪缘，熙攘内各夸艳遇。廉耻之道尽丧，奸拐之案日增。流弊所穷，伊于胡底？

兹查同泳之习，亦既加以取缔。而同行之弊，不闻并为防闲。窃疑明禁所施，胡乃宽于水而严于陆？终恐浇风莫戢，未能正其本而清其源。每一涉足道衢，纵观怪状，奇装冶服，粥粥群雌，执手并肩，双双爱侣。途人为之侧目，俗士尤多痛心。思恶习亟当除，叹狂澜谁与共挽。谨效刍荛之贡，聊为管蠡之陈，伏维采择施行。当国前途，曷胜厚幸！

7月28日署名"倒车"的《取缔男女携手同行》一文，则对郑日东的怪提议给予了严厉驳斥。

当今的社会，世风不古，人欲横流。于是，一些自命不凡的"严饬之士"，感慨于世衰道微，试图救民于水火，扶大厦之将倾。因此，复古的声浪甚嚣尘上。抚今追昔，中国与外洋接触最早、开化最早的地区就是广东。本来是开风气之先的城市，可是今天竟然却要一下子倒退到18世纪的光景了。第一是提倡诵读《诗经》，在中小学鼓吹读经运动；第二是禁止男女在一个游泳池里游泳，最近更变本加厉了，连男女在陆地上携手同行也要被取缔了。这不能不说是个大笑话！

自民国以来，欧风东渐，国人崇尚外洋，在街上携手同行的男女已是屡见不鲜。近年来，男女携手同行之风更炽，这本来就是不必大惊小怪的人之常情。一方面是表示男女间恋爱达到白热化后的情之所至，一方面借以展示他们足资炫耀美好爱情，为那些仍踽踽独行的单身男女做个榜样。男女携手同行并不见得一定会有"有伤风化"之处，但是郑日东先生却要写提案取缔这玩意儿，这不能不说是广东人的悲哀，也确是广东由先进变落后的一个重大变迁。

　　作者"倒车"读了广东省督销局局长郑日东请取缔携手同行提案的全文后，认为郑先生这篇妙文一出，两栖动物（指水中游泳和陆地上同行）的摩登男女，固然受到了莫大的打击。但同时他联想到"男女有别"这句话似为不妥，男女从本质上说只有阴性、阳性之别，除此之外再无其他分别。假定要取缔男女携手同行，只可说是隔离男女间的关系与断绝男女间的接触。如其要"有别"，那么，只有把现在的妇女重新关进深闺里去不可了。但是目前，男女携手同行之风太过普遍，即使当局下令禁止，恐怕也是徒劳无功。最后，他奉劝郑日东先生，还是不必再为此事"实为痛心"的好！

　　鲁迅先生听到这些事后，也幽默地给予了自己的评价，在《花边文学·奇怪》中写道："这样看来，我们的古人对于分隔男女的设计，也还不免是低能儿；现在总跳不出古人的圈子，更是低能之至。不同泳，不同行，不同食，不同做电影，都只是'不同席'的演义。低能透顶的是还没有想到男女同吸着相通的空气，从这个男人的鼻孔里呼出来，又被那个女人从鼻孔里吸进去，淆乱乾坤，实在比海水只触着皮肤更为严重。对于这一个严重问题倘没有办法，男女的界限就永远分不清。"

胡适演讲惹风波

1935年1月4日，北京大学校长胡适赴香港，接受香港大学授予的博士学位，同时考察香港教育并做数场演讲，并预定此后戴着新头衔再赴广州演讲。这原本是为其脸上贴金的一件好事，但由于他在港演讲语言失当，惹恼了广东当局，因而到了广州后，饱尝了一顿闭门羹的滋味，可算是求荣反辱吧！1935年2月12日的《北洋画报》刊载了余沐女的《胡适之碰壁归来》一文，记述了这一风波的始末并分析了发生的原因。

《北洋画报》中的《胡适之碰壁归来》一文

在港五日中，胡适先后到各团体、学校讲演五次。其中1月6日在华侨教育会以国语演讲时，曾称赞香港为东亚"第一个能实现义务教育的地方"，批评国内办了30年的新教育，至今"却没有一个

胡适

地方能够做得到办普及、义务、强迫教育"，希望香港成为"南方的一个新文化的中心"。他还批评"广东很多人反对用语体文，主张用古文"，"而且还提倡读经"。其原因是："一个地方的文化传到它的殖民地或边境，本地方已经变了，而边境或殖民地仍是保留着它祖宗的遗物。广东自古是中国的殖民地，中原的文化许多都变了，而在广东尚留着。"言语间，颇有为讨好香港方面而过度贬低内地之嫌，更因读经原为粤军总司令陈济棠所倡，故而让广东当局大为光火。

胡适1月9日一到广州，就有友人告知，党部已对先生在港言论颇为不满，劝先生今日快车离省，暂勿演讲，以免发生纠纷。但胡适岂能这样不明不白、灰溜溜地离开，他仍然在友人的陪同下大摇大摆地拜访了陈济棠。尽管他两人的谈话并不投机，但陈济棠能够接受胡适来访并让他安然离去，就足以证明胡适的胆识和陈济棠的度量，但广州演讲还是泡汤了。胡适原定在广州停留四天，在中山大学、岭南大学、第一中学等处要做十次讲演。但中山大

1936年12月，赴美考察归国的胡适夫妇

老画报人物志

20世纪40年代，胡适（前排右二）与亲属的合影

学文学院长邹鲁最先发难，在校园内张贴署名布告，阻止了胡适的演讲。布告言辞激烈，谩骂攻击，其中竟有"（胡适）竟谓香港最高教育当局也想改进中国的文化，又谓各位应该把它做成南方的文化中心。复谓广东自古为中国的殖民地等语。此等言论，在中国国家立场言之，胡适为认人作父，在广东人民地位言之，胡适竟以吾粤为生番蛮族，实失学者态度，应即停止其在本校演讲"之句。想见，胡适这样一个当年在国内外享有盛名、被公认为中国新文化运动的领袖人物，读后是何等滋味！

更有甚者，当胡适勉强逗留两天半后黯然离开广东之际，中山大学中文系的古直、钟应梅、李沧萍三人却联名致电广州军政当局，要求扣留胡适，将其逮捕法办！这让一个堂堂大学校长情何以堪啊！

胡适北返后接受记者采访时自我解嘲道："当局虽误会，青年不误会。"这话说得倒也漂亮，但只可惜到了这时候才知道把青年和当局分开讲，为时晚矣！

文章指出风波的原因有两个：主要原因是胡适不负责任的演讲。本来广东学校实行读经，只是古直等一班妄人，摸着陈济棠的脾气，开着新文化运动的倒车。但胡适却未加调查研究，不问青红皂白，笼统地说是广东因为在历朝上都是中国的殖民地，所以文化低落。其实广东人在文化上从不曾落伍，历史上哪一件革新运动不是由广东人做主角，甚至由其领导啊！就拿五四运动而论，这自然是胡适自认为最了不起的新文化运动了，据胡适自述，当年他在美国留学，最初提倡白话文的时候，第一个给他鼓励的人是当时的留学生监督钟文鳌先生。如果没有他的鼓励，白话文的功业也许要落到别人头上去。而这位钟先生便是广东人，胡适为何一时竟忘了呢？

次要原因是古直等人的借机报复。胡适此次受辱，固属咎由自取，但亦因古直、林损等人从中作祟。古直时为中山大学国文系主任，曾以提倡读经，被胡适所办《独立评论》骂过一顿，怀恨在心。林损原为北京大学的老教授。蔡元培出任北大校长后，为了振兴北

1947年，胡适抵津后在张伯苓等各界人士欢迎会上致辞

大文科，曾聘请许多学界新旧名人任教授，胡适与林损同为卯字号名人。去年林损因与胡适意见不合而被辞退，退至中山大学执教。这次胡适来粤可谓冤家路窄、狭路相逢了！其二人遂沆瀣一气，联手制造风波。

为此，作者余沐女赋打油诗一首，以纪其事："乘兴南游万里行，冤家相见眼分明；只因瞎说恭维话，惹得人人共骂名。"

朱光潜发起读书会

美学家、教育家、翻译家、北大教授朱光潜，一贯倡导读书，并以写给青年的12封信而闻名于世。他曾于1935年1月底，在北平的自家寓所发起成立了读书会，集合当时北平的新文人，各携其作品，在读书会上诵读，以期达到欣赏、交流、互学、积累、提高的目的。朱光潜当时的寓所原为著名诗人、理论家、翻译家梁宗岱的故居，因梁与发妻何瑞琼离婚后离京赴津，遂将此房转让与朱光潜。

第一次读书会于1935年1月28日举行。是日，到会者计有梁启超之子梁思成及其夫人林徽因、戏剧作家李健吾、小剧院女演员马静蕴、小说家废名、沈从文及其夫人、散文家朱佩弦、青年诗人林庚等。女性除上述各夫人外，尚有《北洋画报》编辑吴秋尘之小姨徐芳、朱光潜之小姨等，共20余人。为当时北平文人罕有之盛会。

下午3时，读书会正式开始。朱光潜宣告读书会正式成立，陈述读书的意义和读书会建立之宗旨。首由李健吾、马静蕴对读剧本《委曲求全》。该剧本为清华教授王文显以英文著成，由李健吾译成中文。李健吾当时正在筹备上演此剧，在公演之前，正好借此机会做一练习，征求大家的意见。《委曲求全》记述了某学校的一个会计员素有贪污舞弊行为，先是被校长发现了，打算解雇他。会计员没有办法，只得灰溜溜地回家，把此事报告了太太。会计太太问明缘

《北洋画报》刊载的《朱光潜发起读书会》一文

由，随即找到学校与校长交涉。这位太太伶牙俐齿，极能辩论，一番申辩后竟将校长说服了。此后，又有校董前来学校查账也发现了会计员的问题，一致通过开除这个会计员。会计员太太又来了。校董会对她早有耳闻，原本想好了一套应付她的计划，但经过交锋后最终还是失败了。演员马静蕴饰演的就是会计员太太，李健吾饰演校董。那天，李、马二人诵读的就是该剧最末一幕的台词，也是整个剧目的高潮所在，二人唇枪舌剑，好不热闹。大家听后，大呼过瘾。

继之是朱佩弦极富感情地诵读了自己创作的散文《沉默》。第三个是小说家废名朗诵了自作之诗。废名与已故散文家梁遇春为北大同学，原名冯文炳，本以小说著名，但其小说趣味却如同散文一般，而他作诗更胜于写小说。废名与周作人曾同居一处，因此也因受周作人等人的推许而声名鹊起。读了两首小诗后，他还详细解释了自己的创作意图和诗歌的内涵，引起听者的极大兴趣。

废名之后，大家异口同声地请林徽因女士朗读她的作品，而林徽因那天却因身体不适而一再请辞，称嗓子不好读不出诗的意境。但大家岂肯放过她，坚决邀请。最后，林徽因实在推托不过，退而求其次，讲了一个培根记日记的笑话。在大家的笑声中，她才算过关了。由此可见大家对林徽因的喜爱和崇拜。其后，青年诗人林庚诵读了他新近创作的两首诗歌。林庚当时尚为清华大学的学生，在这些人中是名副其实的小字辈。读书会在梁思成先生演唱的一段广东戏后圆满落幕。行前，大家商定，今后的读书会每月至少举办一次，第二次定于2月上旬举行，地点仍在朱光潜寓所。

1935年2月7日的《北洋画报》以署名"无聊"的《朱光潜发起读书会》为题，记录了这次读书会的盛况，而第二次读书会是否如期进行，读书会共举办多少次，坚持了多长时间，就没有文字资料可考了。

章太炎的生前身后

　　1936年6月14日，国学大师章太炎病逝于苏州。噩耗传来，举国悲悼，亲人悲痛、学者撰文、报刊追思。《北洋画报》先后刊登了如愚的《章太炎谢绝哀挽》、吴迪生的《述章太炎先生》、石椿的《章太炎与袁世凯》等文，追忆章太炎先生生平事迹和趣闻逸事。

　　章太炎曾为革命先进，据说还是中国剪辫之第一人。清末，曾

1936年6月14日，章太炎在苏州病逝。图为追悼会期间孔德学校办公室陈列的章太炎墨迹

《北洋画报》中的《述章太炎先生》一文

《北洋画报》中的《章太炎与袁世凯》

与邹容、钱宝仁创办《苏报》。因丑诋时政而于1903年被捕入狱。他在狱中备遭辱困，自认为出狱无望，乃题一绝句："浙东前辈张玄箸，天蓋遗民召晦公。兵解仙神儒发家，我来地水火风空。"与他关在一起的有个叫郑慰丹的狱友，曾经学习过篆刻。章太炎对此也颇有研究，遂为其耐心诵解《说文解字》的部首，二人以此度过漫长的三年囹圄生涯。为纪念他二人的这段苦中作乐的生活，郑慰丹也写了一首绝句："苍崖堕石连云走，药义带荔修罗吼；辛壬癸甲今何有，且向东门牵黄狗。"

章太炎

章太炎一生耿介绝俗，威武不屈。民初袁世凯当国，爱慕其才，欲收为己用。袁世凯欲称帝，又恐章太炎反对，遂将其诱至北京，幽于龙泉寺。仅弟子钱玄同可以随时进见。袁世凯每月提供给他生活费500元，雇厨子一人、听差两人以供侍奉。但最终仍未能改变章太炎的志向。他曾撰写大总统一书，"大言谩骂，目无余子，竟斥其为石敬瑭，朱温之流亚，曾不若汉武曹操为奸雄"。因为章太炎时已料到袁世凯"蓄有异志，将移民国也"。其书略云："迩者宪兵虽解，据副司令陆建章，公以人才阙之，必欲强留，炳麟，不能受此甘言也。若有他故，能议公者岂惟一人？……炳麟本以共和党独立，来相辅助，亦偿至而相行耳。而大总统羁之不舍，既使赵秉钧以国史相饵，又欲别为置顿；炳麟以深山大泽之夫，天性不能为人门客；游于孙公者旧交也，游于公者新交也；既而食客千人，朱履相耀，炳麟之愚，岂能与鸡鸣狗盗从事耶？史馆之职，盖以直笔绳人，既为群伦所不便，方今上无奸雄，下无大佞，都邑之内，攘

1932年4月，章太炎讲学纪念照

攘者穿窬摸金皆是也；纵作史官，亦倡优之数耳。窃闻史迁、陈寿之能谤议，而后世乐于观览者，以述汉魏二武帝之事也，不幸遇朱全忠石敬瑭，虽以欧阳公之叹息，欲何观焉？今大总统圣神文武，咸五登三，簪笔而颂功德者，盖以千亿，亦安赖于一人？属有武汉人士，招往讲学，……愚意北方文化已衰，……不欲羁滞幽燕也。必若约法，制人迁居，知大总统恪守宪典，必不为也。饱食终日，无所用心，以与朋辈优游谑浪，炳麟亦不能为也……若系一人以为功，委文化以为武，凤翱翔于千仞，览德而下之，炳麟其何愧之有？设有不幸，投诸浊流，所甘心也。书此达意，于三日内答复。"其坚贞不挠之气节，渗透于字里行间。

章太炎一生爱读书，善读书，颇有心得。1934年他曾在寄给慕疆的信函中，大论读书之法："仁弟足下，得书其慰渴怀，苏地酷热，不减沪上；惟院落稍宽，傍晚于庭中泼水安坐，殊觉凉爽耳；天再不雨，田禾立槁，此则可为隐忧者也。闻徐海襄阳等处，皆有水灾，江南江北，旱潦顿异，岂天公有意播弄人耶？所询贾志仁大学中庸直讲，及易经经义，此但与刘芝塘辈，同出一源，川省此等著作甚多，观之阳明传习录；否则只将白话文直读，不看注解，久之自有会于心，所谓知行合一者即此也。"

章太炎对国学之造诣至深，在国内当为屈指可数。后来，不问政治，息影苏州，讲学自遣。他虽在学界人眼里是个"老古董"，但其革命思想始终不渝，更非朝秦暮楚之辈。这样一位大师溘然长逝，按照民国惯例，世上当有不少人撰写挽联。但章太炎生平最为痛诋此举，曾谓："靡财于一奠者，此谓贼；竭思于祝号者，此谓诬。"他认为，世有不少假文士，今日哭朋，明日悼友，撰写哀挽的文人，每借哀悼死者之名，以达到炫耀自己之才学、彰显自己之忠厚的个人目的。因此，他在生前就曾有言，嘱托大家"幸勿复有此猫哭耗子之辈，以诬其幽灵也"。

鲁迅曾有一段文字记录了章太炎的身后事："前一些时，上海的官绅为太炎先生开追悼会，赴会者不满百人，遂在寂寞中闭幕，于是有人慨叹，以为青年们对于本国的学者，竟不如对于外国的高尔基的热诚。这慨叹其实是不得当的。官绅集会，一向为小民所不敢到；况且高尔基是战斗的作家，太炎先生虽先前也以革命家现身，后来却退居于宁静的学者，用自己所手造的和别人所帮造的墙，和时代隔绝了。纪念者自然有人，但也许将为大多数所忘却。"

宁死不屈的报人刘髯公

20世纪二三十年代，天津有一份老百姓最喜欢的平民报纸《新天津报》，报纸以内容贴近生活，语言通俗，敢为老百姓说话而著称。该报的创办人刘髯公豪爽侠义，以痛骂军阀打开报纸销路，尤其是1937年天津沦陷后，他积极宣传抗日，拒绝出任伪职，坚决不与日伪政权合作办报，因而被日本特务逮捕，关押于日本宪兵队。在押期间，面对各种酷刑，刘髯公宁死不屈，狂歌谩骂，在保释出狱后不久，饮恨而死。

《新天津报》创办人刘髯公

刘髯公，原名刘学庸，字仲儒，笔名髯公，清光绪十九年（1893）生于天津武清县杨村镇，回族。其父经营小粮店，因蚀本关闭。此后，家境困难。读过几年私塾的刘髯公，十几岁便开始独立闯荡世界。一个偶然的机会，经法国驻华领事馆的厨师姚奇山介绍，进入领事馆做了一名录事。凭借天生的灵性和多年混迹社会的经验，他的工作得到了法国领事的赏识。1900年调任天津法租界工部局侦探长。在任期间，他在天津

1934年9月《新天津报》十周年纪念专号

车站、码头、警察局、法院及各机关广交朋友。不久，他就在津娶妻生子，开设明星自行车行。逐渐在天津法租界站稳脚跟，取得了较高声望。

在列强瓜分租界地之时，刘髯公深感民不聊生的痛苦，决心创办一份平民化的报纸，替老百姓说话，畅所欲言，大抒中国人民的志气。他聘请擅绘画、长书法、粗通外文的薛月楼为主笔，段松波任副经理，自任社长，创办《新天津报》。该报于1923年8月正式发刊，初为四开小报，日发行量仅500份。内容以面向平民大众为主，不登桃色新闻。刊登大众关心的新闻，突出真实性、通俗性。刘髯公为《新天津报》制定的训词是："大公对外，忠实服务，倘有陨越，上帝临汝"。他把训词制成镜框，悬于报馆墙上，每逢节日，他还要对全体员工训示一遍。后又陆续创办《新天津晚报》《文艺报》《新天津画报》《新月刊》等六种报刊，扩充报社，设立私家电台，办新闻函授学校。几年后，《新天津报》日发行量增至5万份，在全国报刊界颇具影响。

刘髯公喜京剧，工老生唱腔，演唱水平出众。曾多次与京剧名角章遏云等在法租界的春和大戏院同台演出，被誉为津门名票。

他关心家乡教育，热心公益，扶危济困。20世纪20年代末，他在杨村七街庆德胡同内自己的宅院里兴办了杨村回民小学，出资举办杨村全镇学生演讲比赛会，奖励优秀学生。杨村清真寺1935年遭雷击，后殿被烧毁，刘髯公同七街回民官绅穆文善团长领头出巨资，并向全国和杨村回汉乡亲募捐集资，使清真大寺修复如初。当年回汉民耕种的田地有很多在夹道洼里，几乎年年沥涝成灾，水排不出去，刘髯公出资及募捐六万现大洋在夹道村南北运河大堤上修涵洞一座，让洼淀里的积水能及时排出。

1931年9月，日本帝国主义发动"九一八事变"，东北大片国土沦丧，刘髯公义愤填膺，他通过《新天津报》宣传抗日救国，积极

《新天津报》十周年纪念社内职工全体合影

报道抗日英雄马占山、冯占海、上海十九路军蔡廷锴，痛斥不抵抗主义，深得民众欢迎。

1937年7月29日天津沦陷前夕，《新天津报》宣告停刊，刘髯公亲自为《新天津报》撰写社论，向广大读者告别，文词慷慨悲壮。日本侵略者大为恼火，他们对刘髯公采取利诱和威胁的手段，让《新天津报》复刊。日伪政府请他参加天津市治安维持会筹备会，刘髯公拒不赴会，还把送通知的人骂了出去。日本特务想对他实施武力，但因他住在法租界，又不便下手。

同年8月2日，津城狂风大作，暴雨倾盆。有从外面回来的家人说，法租界外不远的特三区东天仙戏院门前有千余人正在雨里浇着，适值初秋，露宿街头的妇女儿童啼饥号寒，惨不忍睹。刘髯公闻听，不顾家人阻拦，披上雨衣，出了法租界，来到东天仙戏院前。他想用汽车将他们送到意租界的报馆，但被意租界当局阻拦。他又给戏院的产权人法国仪品公司董事长打电话，提出让难民在戏院里暂住，戏院租赁费由刘髯公来付。经过一番交涉，难民终于住进戏院对面铺房，使得难民都有了栖身之所。刘髯公回家后仍不放心，又先后给天津基督教青年会董事雍剑秋和《天津晚报》负责人常小川打电话，约定次日共商救济难民事宜。岂料，翌日刘髯公竟遭不测。

8月3日上午，刘髯公像往常一样乘汽车上班，车行至万国桥

（今解放桥）时，日本宪兵队令车上的人下车检查。刘髯公刚一下车，即被几个日本特务逮捕，押送至日本宪兵队。刘髯公在当时是有社会地位的人，深受拥戴，哪里受过这种待遇，进入宪兵队后，他毫无惧色，破口大骂。

在押期间，在刑讯室他以训斥和咒骂回答敌人的审问，用悲壮高亢的京剧唱腔倾诉他一腔怒火，日寇残忍地用皮鞭抽打、压杠子、上电刑，他强忍着疼痛不停地叫、骂、唱。第二天日本宪兵队长请他到客厅吃茶、谈话，劝他与日本人合作，继续出版《新天津报》，以示"中日一家，共存共荣"，他仍以骂相对。遂被丢进水牢，浸泡在肮脏的污水中，受尽蚊虫叮咬。在此后的数次审问中，他不是痛斥日寇屠杀中国人民的罪行，就是大骂他们丧失天伦，恣意蹂躏同胞。在牢里他高唱《宁武关》《骂毛延寿》等京剧唱段以及随意编唱的戏词儿，哼唱"我纵然为国家尽忠死……也落个青史名标万古美名传"。

此后，日本人又派汉奸向刘的家人转达"要想保住刘髯公，得让报纸复刊"之意。刘的弟弟等人面见刘髯公时，听他骂不绝口，哪里还敢提及报纸复刊之事。后经家人及亲友四处取保，天津各清真大寺的阿訇联名具保，家属瞒着他接受了日方的复刊条件，刘髯公才得于10月26日获释。

位于今天津市河北区建国道66号的刘髯公旧居门牌

回到家中，刘髯公对前来看他的报馆同人们说："《新天津报》决不再出版了，大家另觅出路吧！千万不要忘记自己是中国人。"他因受酷刑，伤及内脏，呼吸困难，身体不能活动，每日躺在病床上唱着自编的戏词，度过了最后的几个月。临终前，刘髯公只剩下了一把骨头，仍嘱咐家人不要把《新天津报》拱手送给日本人，用尽最后一口力气唱出："我为国家尽忠死，落个青史传美名！"唱罢闭上双眼，愤然辞世，时年仅45岁。

上海陶行知追悼会纪实

　　陶行知（1891—1946）是中国人民教育家、思想家，伟大的民主主义战士、中国人民救国会和中国民主同盟的主要领导人之一。历任南京高等师范学校、国立东南大学教授、教务主任等职。1926年发表了《中华教育改进社改造全国乡村教育宣言》，1935年在中国共产党"八一宣言"的感召下投身抗日救亡运动。1945年当选中国民主同盟中央常委兼教育委员会主任委员，兼教育委员会主任委员。1946年7月25日，因劳累过度在上海病逝，年仅56岁。延安、上海、重庆、南京、香港等地以及美国、新加坡等国家的有关部门，先后举行追悼会。1946年11月16日出版的《联合画报》以图文的形式，纪实报道了上海陶行知追悼会始末。

　　1946年10月27日清晨9时，上海陶行知追悼会在震旦大学礼堂内举行。礼堂内外聚集了4000余人。礼堂东侧的角落里，一群引颈远望的孩子头戴清一色的童军帽；靠墙站着的一群小姑娘，有的辫子上系着一朵白花，有的踏着白鞋；礼堂中间是一群足蹬草鞋、身着蓝布衣的乡下人，他们神情凝重、面露哀伤；还有一些是陶先生的生前好友、社会名流和几个美国友人。他们分别从上海、北平、重庆、南京等不同城市赶来参加这个庄严的追悼会，表达他们对于这位"教育慈母"的敬意和哀思。

大教育家 陶行知追悼會

中國大教育家陶行知逝世，上海各教育團體在
霞飛大學舉行追悼會。（嚴正平攝）
Mr. Tao Hsin-chih, Chinese great educator, died recently in Shanghai. Memorial service was held by Shanghai educational organization and democratic groups.

端納逝世

端納最後遺容（中國社）
Late Mr. W. H. Donald laid in the coffin

蔣主席私人顧問蔣端納，於九日逝世於上海宏恩醫院。上蔣
夫人與孔祥熙（中）在萬國公墓參加葬禮情形。（章虔攝）
Mr. William Henry Donald, personal advisor of General-
issimo Chiang Kai-shek, died in Shanghai on Nov. 9,
1946. Madame Chiang and Dr. H. H. Kung present
at burial service at Hung-Chiao International Public
Grave.

《聯合畫報》刊登的《大教育家陶行知追悼會》圖文

台上正中安放的是艺协绘制的陶先生巨幅画像，画像前放置着几碟新鲜水果，两侧竖着两支大蜡烛。台口横向悬挂着蓝底金字匾额，上书"民主之魂，教育之光"，两旁挂有"天下为公，文化为公"和"满腔热血为民主千秋自有定论，毕世功勋在育才万代长出新苗"的挽联。晚秋的晨风从台顶上轻轻吹下，画像在颤动，烛光在闪烁，空气在凝固，烛下花影轻拂，花前立着主祭人和陪祭人。

追悼会开始，幕后送来一阵如泣如诉的哀乐，来宾脱下帽子，静静地屏着气息，向陶先生默哀致敬。主祭人沈钧儒献上鲜花和香茗，挽歌衬托着缠绵悱恻的哀乐，来宾无不为之动容而潸然泪下。田汉宣读的祭文铿锵有力："你，和平民主的坚贞斗士；你，地狱里的中国儿童的救主；你，多灾多难的中国人民的导师；你，去了三个月。你的学生像失去了牧人的羊群，你的事业像散了箍的木桶……时局是这样的使人怅惘，只有你的精神始终像温暖的秋阳。我们不能以眼泪来追悼圣者，却得庄严地、勇敢地走向民主的战场！"

大会主席陈鹤琴的致辞给予陶先生很高的评价："……陶先生是近百年来的大教育家……他认识'人'有无穷力量，所以发动学生儿童来推行教育。他创造的平民教育、乡村教育、普及教育、国难教育、战时教育，以至去年提倡的'民主教育'。他不仅是属于中国的，也是属于世界的，他是万世导师。"

史学家翦伯赞以平和的语气报告了陶行知的生平："在清光绪十七年九月十六日，生于安徽歙县西乡王墩源村。原名文濬，嗣因信任王阳明知行合一，后发现'行是知之始，知是行之成'的道理，乃再易名行知。家境清贫，借债赴美留学，先后入伊利诺伊大学、哥伦比亚大学，为名教育家杜威所器重。"

接下来的演说开始了。很少参加此类追悼会的孔祥熙也来了，他认为"追悼会还是消极的意思，要用积极的事业来完成陶先生遗

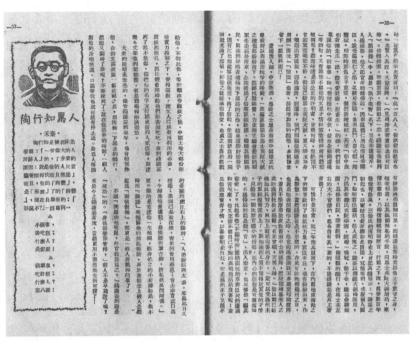

《人物杂志》刊登的《陶行知骂人》逸事

留的事业"。

　　陶先生的两个外国朋友也激动地发表演讲。毕莱女士说："他欢喜年青人，年青人也欢喜他……他是国际主义者，他实在是国际上伟大的人物……他希望全世界人民……他所提倡的教育，就是中国明日应有的教育。"与陶先生共事五年的美国友人艾德甫先生，登台指着前面挂着的"民主魂"三个字用中国话说，那已经代表了陶先生的精神。纪念他，我们要联合起来，为他所生活的、所努力的、所死的教育事业而奋斗！

　　长达三分钟的热烈掌声欢迎郭沫若先生登台演讲。郭沫若说："陶先生是真美善的完人，他是以什么精神来完成他的人格呢？他把自己占有欲尽量减少，把创造欲无限扩展（台下大鼓掌）！那般大强盗们、'大英雄们'占有欲强的人是：你的是我的，我的还是我的，于是一切都是我的；创造欲强的人：你的是你的，我的还是你的，创造了好的，还要创造更好的。他在创造社的宣言上说过：处处是创造之地，天天是创造之时，人人是创造之主！……他创造些什么，决不是要你会升官发财，肥私利己，是要人类共同来创造一个政治自由、经济平等的大乐园。他的创造方法，第一学习，第二学习，第三还是学习。他向大自然学习，向老百姓学习，向小孩子学习。他给我的印象是，他一辈子都在诚诚恳恳地做一个小学生！"

一位山海工学团的农民孟根根讲述："我们得到陶先生的好处是实实在在的，我们叫他做老先生，他叫我们做老朋友。他首先叫我们一面读书，一面做工，后来，不行啦，因农友不做事就无铜钿。后来陶先生想出了小先生制，每个小先生要回去教三人或四人。所以山海工学团以后发展得很快，不久就有生产工学团、畜牧工学团，直到敌人来了，我们又组织战地服务队。"

一个15岁的女孩上台后未及演讲就哭成了一个泪人，她呜咽地说："陶先生天天出去募捐，来维持学校，人家说：你算了，你关了门吧！这不是抱着石头在游泳？他说：不，我是抱着爱人在游泳，愈游愈有希望，愈游愈有办法。我们起初吃了三个月稀饭，到现在已经支持九年了。"

最后，李熙谋、朱经农、沈钧儒和梁漱溟等也先后发表了演说，他们一致认为陶行知是伟大的人民教育家，我们要向他学习！向他致敬！

文化界

海上才子邵洵美的朋友圈

他出身名门望族，继承万贯家财，慷慨侠义，乐善好施，家中时常高朋满座；他曾留学欧洲，在英国与谢寿康、徐悲鸿、张道藩结为金兰之好，回国后又与徐志摩结拜为兄弟；他是诗人、散文家，与刘海粟、胡适、闻一多、章克标、郁达夫、梁实秋等人友情甚笃；他是出版家，创设金屋书店、时代图书出版公司，创办《论语》《时代》《声色画报》《自由谭》《见闻》等十数种期刊，与伍联德、梁得所、张光宇、张振宇、张若谷、滕固等共创中国近代画报之辉煌。他就是素有"文坛孟尝君"之誉的海上才子邵洵美。

《声色画报》创刊号

留学欧洲　结拜兄弟

邵洵美（1906—1968），浙江余姚人，出身官宦世家，生于上

1934年第49期《论语》中的邵洵美

海。祖父邵友濂历任道员署使俄钦差大臣、上海道、台湾巡抚、湖南巡抚，生母是清邮传部大臣盛宣怀的四女儿。自幼被过继给伯父邵颐，而邵颐原配为北洋大臣、直隶总督李鸿章之女。因此，邵洵美既是盛宣怀的嫡亲外孙，又是李鸿章的外孙。

1923年夏，17岁的邵洵美在上海南洋路矿学校毕业，1925年初与盛宣怀孙女盛佩玉订婚后不久，便踏上了远赴欧洲的留学之路。在英国剑桥大学期间，他除研读经济学外，还自学英国文学，并与同在英国的谢寿康、徐悲鸿、张道藩结拜金兰。邵在1926年7月8日《时报》中发表的《一个留英的画家》一文，记录了他与张道藩的第一次会面。

1925年放暑假后，邵洵美与友人刘纪文共同来到巴黎，居于拉丁区的一家旅馆。当时，他们的"法国话一句都不能讲，便只得结了伴做'不哑的哑子'"。当晚，他们不敢出门，对面坐着看地图，寻找着次日将要赏玩的名胜。刘纪友与张道藩是老友，事先给张写了信约他到旅馆相会。晚9时，邵和刘各自归房休息。设想着明日即可领略到世界最繁华都市巴黎的风采，邵太过兴奋，差不多到天亮才朦胧睡去。但梦还没开始做，就被咚咚的敲门声和"能进来吗"的叫声惊醒了。邵急忙起身，穿了件从中国带来的蓝色夹袍，开门招呼这位朋友。进来的正是张道藩。邵想讲几句应酬的客套话，张却上下打量着邵抢先说道："咦，邵先生，你真像个宋朝古人！"邵这才想着自己，胡须没有薙，头发也很长，又穿了件中国袍子，可不像是古人嘛！听了张的这句玩笑话，客套也就省了。他二人相对而笑，携手上楼，毫无拘束地谈起文学艺术来，竟把楼下苦等他们的刘忘却了。刘饿得不得了，上楼来叫，他们才一同外出就餐。餐后，邵问张到何处游览。张提议到塞纳河北岸的卢浮宫去。邵虽很疲倦，但当看到卢浮宫里诸多欧洲古今名画，立刻兴奋起来。张是学绘画的，加上他的专业讲解，邵对法国文艺复兴时期的灿烂文化惊叹不已。他们足足参观了两个多小时。从那天起，在法国的日子，他们差不多天天见面。邵回剑桥后，他们又时常通信。

此后在不到一年的时间里，邵洵美三次来到巴黎。通过张道藩，邵又结识了徐悲鸿、谢寿康，并加入了以他们为核心成员的"天狗会"，情投意合的四人更结拜为金兰兄弟。留欧期间，邵还与画家江小鹣、常玉，诗人徐志摩相识。受这些画家、诗人的熏陶，邵的兴趣逐渐从经济学转移至文学艺术，泡图书馆时，经常在诗歌的书架前徘徊，先后创作了《花姊姊》《恋歌》《明天》等诗作。

1933年第30期《图画晨报》中邵洵美等公祭徐志摩留影

邵更热衷淘旧书，不惜重金收购了19世纪末英国唯美颓废风格的《黄面志》全套13期。从此，收藏英国书籍、期刊便成了他一生的爱好。

出版业的同道

1927年，因家遇火灾，经济吃紧，邵洵美只得中止留学返国。归国途中经过新加坡时，他在一家书店看到上海出版的《狮吼》杂志，爱不释手。回国后，邵马上拜访了《狮吼》的编辑滕固、章克标等人，并与他们一见如故，很快成为朋友，邵也顺理成章地成为狮吼社的一员。但《狮吼》经营并不顺利，时常出现经济问题，曾一度更名为《新纪元》，经短暂停刊后再恢复原名。终因亏累过重而休刊。1928年3月，邵在上海静安寺路斜桥路口创办金屋书店，出版《金屋月刊》等期刊、书籍。在得知《狮吼》休刊后便慷慨解囊，在金屋书店继续出版。滕任主编、经理，邵为出资的发行人。

据1931年12月24日《社会日报》中《邵洵美接济滕固》一文记载，邵接办《狮吼》不久，滕固即因出任江苏省党部执行委员而离沪，其他编者也相继离去。邵独自编辑几期后，遂于1928年12月16日出刊至第12期后宣告终刊。

1930年，因有改组派嫌疑，滕固被通缉而亡命海外。滕为江苏宝山县月浦镇人，早年毕业于上海美术专科学校，曾留学日本攻读文学和艺术史，获硕士学位。家无恒产，行为不衫不履，落宕不羁，目中无人，棱角逼人，乡人多避之。从政后襄办党务，以放大炮而名动一时，树有政敌。滕去国后，所有生活用度均由邵资助。但海外生活水平极高，滕不得不以卖文补助，境况异常艰苦。一年后，其少年壮志被现实消磨大半，由于生活窘迫，告急之电如雪片般飞至邵的桌上。九一八事变后，特别进入1931年12月，宁粤局势趋于和平，各派已熔于一炉而共赴国难，此前与滕固同为改组派被缉之人，由于时过境迁皆已昂首入都而同议国事。经邵探知，滕亦可安然回国，遂汇款于滕，促其速归。

1926年秋天，徐志摩与陆小曼结婚后定居上海。直到1931年春徐入北大，这五年的时间里，邵与徐在不断的交往中和共同编辑《新月月刊》的过程中，结下了深厚友谊。徐比邵大十岁，名气也大，邵一直将徐视为兄长。他二人时常一起参加各种社会活动。受徐的指导，邵的诗风、文风颇有徐的风格。在生活中，邵则对徐慷慨相助。新月书店初为徐主持，后因资金匮乏难以为继，徐请邵伸出援手，邵毫不犹豫地投资接办。

徐志摩曾在《新月月刊》上连载小说《珰女士》。1931年11月，徐因飞机失事而罹难，《珰女士》由此中断。邵洵美在1935年第2卷第11期《人言周刊》中《徐志摩的〈珰女士〉》一文称："《珰女士》是志摩更奢侈的尝试，他想写个长篇，可是就只发表了16页半，连标点不过一万多字。这是他朋友的一段故事，当时最感动的是他。这故事我们全知道，不过后来情节变得更奇怪，只有志摩的笔才能对付。"此后，邵设法找到了珰女士的生活原型。几年不见面，她比以前胖了，说话也圆转了许多，心神不能集中，好像已经记不起自己来了。她之前也是一位作家，但眼前的"她对生活好像比写作更有了兴趣，她已明白每天灶堂里要用多少柴。我相信她已经会烧许多样菜"。从前她给邵的印象是活泼、爽脆，此刻的她则在安定中杂着含糊。邵请她写自传，她没有应允。提起徐志摩的《珰女士》，她也不肯承认写的是她。邵说不继续写下去可惜了，她也说可惜了。归来后，邵又读《珰女士》，他想"为什么我不去继续写，志摩一定也愿意。志摩的文笔不能学，我只想去讲完那段故事"。于是，在《人言周刊》上便有了邵续写的《珰女士》。

《时代》画报原是漫画家张光宇、张振宇兄弟于1929年10月20日在上海创办，但出刊至第1卷第3期便出现经济问题而面临停刊，他们遂邀请邵洵美投资合办。邵1930年10月在霞飞路成立上海时代图书公司，在杨树浦开办时代印刷厂，对接手后的《时代》大刀阔斧地改革，终将该刊打造成与《良友》《大众》《中华》齐名的中国画报史上的"四大名旦"。时代公司旗下拥有12种期刊，每周都有两种期刊出版，邵洵美的画报人生同时达极顶峰。

与曾孟朴的秘密

邵洵美与曾孟朴的一段轶事，虽然有人撰文介绍，但忽略了其中的许多细节，笔者在1935年第2卷第17期《人言周刊》找到了邵的《我和孟朴先生的秘密》一文。

在张若谷的介绍下，邵洵美第一次见到曾孟朴。当天他们谈话时间很长但极琐碎，因为彼此都在搜索着讨好对方的字句。曾时住在法租界马斯南路，而他的真美善书店刚从静安寺路迁至棋盘街。邵当时也在办金屋书店。两个亏了本的书店老板聚在一起，自然要说些互相安慰和鼓励的话。但当话题转到赛金花时，就只剩下曾的一个人演讲了。只见他拨着胡须莞笑，眼睛眯成两条线。描述自己当时的天真与风流，天真的样子一下子让邵看见了一个十六七岁的美少年。接着，曾又讲到他如何来到上海，踏进政治圈子，与外国人合议洋泾浜条约……直到张若谷忍不住对邵说"我们走吧"，但曾还要讲下去，几乎不准他俩迈出大门，一再确认了后会的日期，方才放手。

回到家中，邵一时不得入睡，脑海里依然萦绕着曾讲述的华艳故事。邵想到，曾提起他翻译过法文豪路易的希腊生活小说《阿弗洛狄德》（即《肉与死》），就在上一期《真美善》杂志还有这本书的预告。于是，一个顽皮的计划产生了。他连忙从床上跳起来，找了几张紫色的洋信笺，捡出一封表妹寄来的信，模仿她那一句三叹的口吻，用了新的钢笔尖、紫色的墨水，给曾写了一封长信。等不及天亮，邵便披了件衣衫，跑出去丢进了信筒。

三天后，邵、张如约来到曾宅。曾并不开口，先对邵笑笑，再对张笑笑，希望用他那犀利的目光戳穿他俩中一个心虚人的脸具。

张不明白，以为老先生又有什么得意的故事，于是用殷勤神气期待着。邵也不露声色地扮得格外正经。接着，曾迅速地跳起来颤抖地说："来，我有一件奇怪的东西给你们看。"一只手探进袍子里摸出那封信，又眯着眼睛问："你们可认识这位姓刘的小姐？"张和邵都说："这笔迹很熟，但想不出是谁写的。"曾稍有失望，仍得意地说："但是，这位小姐的教授也太聪明了。"

原来邵的这封信是假托一位十几岁的女孩子写的，用一种供状式的口吻，说明她是自小在一所天主教学校受教育。某天，自己的教授读这本《阿佛洛地德》时，她听后深有感触。前不久，见到这本书的出版广告，便写了封信，对曾先生表示仰慕。署名"刘舞心"，但未写明地址。

不久，这封信便在1928年第2卷第5期《真美善》杂志上发表了，并附有曾的一封回信。回信中有句话显出曾先生无人能及的聪明。他在信中说，你为什么不给我地址呢？你为什么像神龙一般地躲躲闪闪呢？原来，邵和曾本是世交，曾比邵大得多，曾对邵极为了解，邵的小名里有个"龙"字，"神龙"显然暗指邵。但邵岂肯示弱，五天后，硬逼着一位表妹帮他继续这一"阴谋"。邵先给真美善书店打了个电话，确认曾孟朴、曾虚白父子均不在店中，便把表妹送到真美善书店，自己却在六马路转角处等候。按照邵的导演，表妹到了书店，听说曾先生不在，便装出大失所望的表情，并将预先写好的一封信交给店员。信上大约说，我特来店拜访，先生不在，遗憾至极，但我明日须跟姑母回家乡苏州，不知何时再来上海。

表妹走出店门后不久，曾虚白就回来了。听说刘舞心小姐亲自来过，人又是那样美，还留了一封信，便立刻电话通知父亲。曾氏父子懊丧异常。再访曾时，邵自信曾已不再猜疑他了。曾兴奋地说："真不能使人相信，原来刘舞心确有其人，之前没留地址，便以为没有这样一个人，她竟亲自到店里来了！现在有了人，又到苏州去了，仍未留下苏州的地址。她真太可爱了，也太可恨了，有什么办法呢?"看了老先生认真的样子，邵觉得是不是玩笑开得太过分了。

于是，刘舞心的信又在《真美善》杂志上发表了，曾先生并约请她继续给杂志写稿。于是，邵再以刘舞心之名写了一篇名为《安慰》的稿子。不久，《安慰》便在1929年《真美善》女作家号上刊出，稿末注明了地址。这一地址是邵另一位朋友的，邵事先又有一番接洽。曾果然特派专使带了三册《真美善》精装本赴苏，上面还有曾的亲笔题赠。专使称非刘小姐亲自接收不可，幸亏朋友夫人机智，回说刘小姐到亲戚家贺喜去了，深夜方得归家。专使必须当天回沪，不得不将书留下而去。邵将杂志转赠表妹以为报谢。

1935年，曾孟朴先生去世，邵洵美除将这段秘密公之于众外，还讲了曾先生的另外一个秘密。有一次，邵和郁达夫到曾家吃饭，餐中有一道青菜，颜色绿而鲜，但火工已到，嚼来极烂。邵便恭维厨子厨艺佳。邵笑道："我以前有两个秘密的心愿，现在可以说完全圆满了：一是有个能干的厨子，二是有张舒服的眠床。吃和睡是有最密切的关系的。吃得不称心，睡便也不得如意；睡得不如意，吃便也不得称心。讲到吃，不在分量多而在种数多，分量多了烧来便不入味，种数少了吃来便会单调。讲到睡，最要紧的是床垫，太硬了对胃肠不适宜，太软了转折又不灵便；第二是枕头，它的高低和你颈子的长短须相称；还有一个诀窍是褥子要厚，被头有轻。人说，一世人，半世在床上，像我这样，简直大半世在床上，所以更得着重研究了。"

后来，曾虚白先生撰文称，当时父亲早就识破了邵的小伎俩，只是故意不拆穿他，反而充分炒作这一噱头，以达到促销《真美善》杂志的目的。姜还是老的辣！自认为要弄别人的邵哪想到实际上被别人利用了。

绯闻女友项美丽

邵洵美早年留学欧洲，回国后在上海广交各国朋友，而最为密切的还是美国作家艾米丽·哈恩（Emily Hahn），邵给她取的中文名为项美丽。《声色画报》创刊号中的《最近来华的四文人》一文，较为详细地记录了他二人的第一次相遇。

1935年6月，项美丽抵达上海。第三天下午，邵洵美到南京路50号万国艺术剧院，聆听德国精神学专家毛博士演讲美国小说家劳伦斯的逸事。邵坐在演讲台的边上，项则端坐于第一排的显著位置。已经听说项的来沪消息，虽未经人介绍，但"从她听讲时那种活泼的表情里"，他已断定她"一定便是新近来华的那位女作家了"。只见她没戴帽子，穿了件深棕色

邵洵美以笔名撰写的《最近来华的四文人》一文和项美丽的玉照

的大衣，手里捏了支铅笔和一本旅行时刻表。因为他们座位的关系，偶尔也会对望几眼，她的眼神自然、纯真，毫无诧异之感。因此，邵认为，她还没有沾染到上海一般洋人的习气，不免产生了立刻认识她的冲动。

演讲结束后，项并没有马上离开，她"只是含笑望着这群急忙

地要跑出去的人们"。当打听到她是在等该院主任弗里茨夫人一同乘车回去的时候，邵遂经弗丽茨太太介绍，把项请到沿窗的椅子上一同坐下聊了起来。她"绝没有一些见面陌生人那样不安的神气"，也不做任何寒暄，直接爽快地回答邵有关来华感受的问题："先生，你看出我那种受宠若惊的样子吗？我在美国从没有受到在中国这样的重视。你们的盛情，好像把我当作世界古今第一等作家看待了。两天来，时时刻刻是新闻记者的带笑的问句。我简直不相信自己曾经写过小说，我好像连话都不会说了。今天晚上我还要到笔会饭席上演讲。假使你们这样恭维我，不上几天，我会变成目空一切的狂人！"说罢，她笑了，笑得是那样迷人。

"项女士，你预备在中国住多少时候呢？"邵问。

"你要不要我多住呢？你们担心我会住久了变成中国人吗？"项反问道。

"我们怕你住了不久便走，将来写的小说，假使用中国题材的话，又会和勃克夫人般，一半理想，一半道听途说了。"

"你说得真好！放心好了，我是预备住上几年呢！同时，我决不敢采取中国题材写小说。我是最怕挨骂的。"

项当时尚不足三十岁，"口音并不是塞着鼻子的纯粹美国腔"，倒觉得有些英国味道。邵一问，果然她曾经在英国牛津大学住过两年！于是，共同的英国经历迅速拉近了他们之间的距离。邵了解到，项除发表一些短篇小说外，已经出版了五六部长篇小说。最让他肃然起敬的是，她为撰写一部游记，曾只身一人冒险进入非洲中区实地考察、体验生活。她的新著此时已在美国出版，只是因来华她至今还未见到。

谈话即将结束时，邵问项对中国的感想如何。她笑道："我来了还只两天呢。你当然不希望我回答一句极平常的答话吧？我并无感想，我来了两天，早晚在饭席上应酬。我喜欢吃菜，所以来不及研究。我只能说林语堂先生的美国话讲得好，还有几位中国太太的皮肤白得可爱！我只觉得以前所听到的关于中国的传说，完全是谎话。我相信，我将来会钟情于中国的！"

这次相遇后，他们便成了朋友，并且一起主编了这本《声色画报》《自由谭》，合作过一部英文长篇小说、一部中篇小说和十几个短篇。1937年抗战全面爆发后，邵舍弃杨树浦的印刷厂携全家到法租界桃源村妹妹家避难。1939年第2期至第7期《自由谭》中连载了邵的《一年在上海》一文，记录了邵人生的至暗时刻，同时也介绍了项对邵雪中送炭的帮助。

就在邵家靠典当度日的最艰难时刻，蜜姬（邵对项美丽的爱称）来了。战前她住在愚园路，后也搬进法租界，打听得了邵的住址，便又来约邵一起写作。但妹妹家人太多房小，邵妻和妹妹都怀有身孕，写作刚一有思路就会被说话声打断。蜜姬遂劝邵搬家。此后，他二人天天出去找房子，因经济拮据，一时很难找到既便宜又安适的理想住宅。还是蜜姬帮邵解决了这个问题，她预付了邵一大笔稿酬，让他搬进了麦尼尼路的一处美侨洋房。此后，在很短的时间内，他们合作完成了两篇文章，航空寄到美国，不久便收到一张数目惊人的支票。这让邵的生活得到充分改善。他们时常一连工作十几个小时，身体虽很疲倦，但精神却很愉悦。

中国军队撤出上海后，战事平息。蜜姬告诉邵，杨树浦的东西有机会拿出来了。她先自己去看了一次，时代印刷的"厂房的屋顶破了一个大洞，里面已有人住过，住宅的门户都被人打开了，房间里铺满了的东西，箱橱没有一只不敲破，抽屉没有一只不翻乱"。她不忍心把更详细的情状告诉邵。她说："总之，一切已不像个样子。"此后，她又设法拿到了通行证，前后五次搬出了大部分东西，每次总是大清早去傍晚才回来。有一次大雨天，在白渡桥还被看守的士兵盘问了两个多钟头。

据1946年第17期《风光》中《邵洵美与项美丽》一文载：项美丽原为美国好莱坞一名普通编剧，地位颇低。来华来沪后，她开始采集中国各方面动态加以渲染，撰文寄回美国，名始渐著。1939年，邵、项曾因创作《宋氏三姐妹》，同赴香港月余。完稿后邵返沪，项则留港。不久，项另有所恋，遂与邵结束了特殊关系。邵亦去须，以志新生。抗战胜利后，项在美出版自传体小说《中国与我》，书中记述了他二人的感情纠葛，行销甚广，获利不赀。

1946年第1期《春海》中《邵洵美一夕谈》一文称，一次宴会上，黄次郎劝邵洵美用英语也写一本《我与项美丽》，拿到美国去换美元。邵却说："虽然项美丽在《我与中国》一书里曾经用我做幌子，寻我开心。我却不接受你老兄的建议而写《我与项美丽》一书，以示反攻。"当时影星丁芝女士也在座，邵又道："譬如丁小姐就不肯动笔写《我与屠光启》一书吧！虽说她也是作家。所以，我也和丁小姐一样地想得穿。"

林语堂与周璇

金嗓子周璇

1947年11月14日《小日报》中《林语堂成功第一步 邵洵美介绍赛珍珠》一文，披露了一个不为人知的细节。林语堂当时卖文于美国，得享盛名，颇为美国民众喜爱。美国作家赛珍珠（Pearl S. Buck）推荐之力无可讳言，但林与赛相识，实为邵之介绍。一次，邵在家中宴请在沪文人，林先到，对主人语，入席时请列座于赛珍珠之旁，以便有更多交流，邵诺之。赛既至，坐林之右。赛深知座上多中国知名作家，遂谓："诸君何不以新作供美国出版界印行，本人愿为介绍。"座客皆以为此话为普通敷衍之语，未予注意，独有林当场一口答应。回家后仅以两日之功，即汇集发表于《中国评论周报》的英文小品文，结成一册，献与赛，请为斧正。为此，赛对林颇有好感，其后乃愿以全力助林赴美。后据邵称，当日座上客尚有吴经熊、温源宁、全增嘏等人，以英文造诣言，皆在林之上，倘若他们也将作品送诸赛，则今日的成功者未必是林了！

1946年第17期《海涛》中《邵洵美二三事》和同年第6期《大都会》中《邵洵美生日大宴众亲友》两文，皆报道了邵洵美与影星、歌星周璇的交往。同年6月4日，是邵洵美的40岁生日，亦因他将公派赴美国调查欧美出版事业，遂在林森西路寓所之花园设宴，招饮沪上各界名流。园内平行排列两张长长的桌子，座无虚席，足有百人以上。其中一位不请自来的影星格外引人注目。她就是与邵有同弄之谊的金嗓子周璇。

周璇与邵之公子小美时有往来。是日，她见邵寓门前车水马龙，甚是热闹，探询之下才知邵家有人过生日。她便买了一只花篮亲自送至邵寓祝寿。只见周璇落落大方，虽粗妆淡抹、衣着朴素，但风韵气质甚佳。进门就对小美说："得知令兄生日，特来拜寿。"她的这句话一下子把让大家说蒙了，但众人马上回过味来，意识到因为邵虽已四十岁，但看上去犹像三十岁上下的青年，以致周璇误以为他是小美的哥哥。经人说穿，引得众人哈哈大笑。这让周璇很难为情，自己闹了这样一场笑话，不禁脸上飞起一片红晕。小美忙上前接了花篮说："没什么的，我爹爹过生日，谢谢你送了一只这样漂亮的花篮来！"席间，邵取出邵太太盛佩玉近期将要出版的一册画报，编辑黄次郎为大家介绍画报内容，周璇接过画报连夸图片优美、制作精良、印刷更妙，一下子拉近了与邵太太的距离。

邵洵美爱请客，爱请朋友到家中吃便饭在上海是出了名的。20

世纪二三十年代，报端时常可见他大宴宾客的新闻。如1931年第1卷第1期《新时代》中《邵洵美请吃便饭》消息称，邵洵美仿佛与三教九流都能交得来，都可以成为他的朋友。"日前，邵洵美诗人在府请吃便饭，计到刘呐鸥、施蛰存、戴望舒、曾今可、袁牧之、潘子农、董阳方、徐克培、马彦祥及画家张光宇等人，诗人夫人盛佩玉女士亦帮同招待。饭后主客大吃西瓜。徐志摩、徐悲鸿等人到时，则已席终矣。"邵洵美朋友圈之广，由此可见一斑。

陆辛农与《辛农见闻随笔》

　　1915年，教育家林墨青主持成立天津社会教育办事处，作为推动社会教育的基地。为做好宣传工作，创办了《社会教育星期报》，亲任社长，剧作家韩补庵任主编，逢周日出刊。该刊以"培养固有道德，增进普通知识，筹划平民生计，矫正不良风俗"为宗旨。

1925年广智馆成立，林墨青任馆长，1929年该刊更名为《广智馆星期报》。因画家陆辛农曾任广智馆董事，又与韩补庵为至友，遂从1927年10月第637期《社会教育星期报》开始连载《辛农见闻随笔》（或许前面还有，笔者不掌握），该刊更名《广智馆星期报》后继续连载至1935年12月22日第354期，共130余期（或许后面还有连载，笔者不掌握）。连载并不规律，1928年至1932年居多，篇幅

广字第1号《广智馆星期报》

也不一，短有二三百字，长则千余字，七八万字。内容有动植物介绍、各地民俗、人生感悟、友人交谊、游记随笔、个人经历等。

最厌恶习气

陆辛农自称平生最厌恶"习气"二字，因此对一些习气较重的人多敬而远之，但生活中与他交往过、身上没有习气的人，确实也不多见。因为厌恶，所以，他极力避免自身沾染习气，以至于自己感觉有些矫枉过正。

好友顾叔度曾几次对他叹道："我如果不知道你是一个画家，从外表和举止上看，你根本不像是个会画画的！"陆每闻此言，甚喜。又有某人平素与陆接触不多，一直以为他是一个老古板，及至相处久了，一日，突然对陆说："敢情你并不是老古板啊！"陆闻之愈喜。甚至有一个人曾骂陆是白脸曹操，意在称陆是一个奸诈之人。陆闻后非但不怒却亦喜，因为他深知自己为人并不奸诈。陆也曾私下检讨自己推崇"喜人不我知"的观念，实际上也是一种习气！

陆辛农一生爱好广泛，喜博物、喜画、喜诗、喜古文、喜辞、喜书，但除了绘画曾有师承外，其余皆为他自己暗中摸索，不敢请人指教。这倒不是他不想拜师学艺，而是生怕学问尚未学到，却已沾染上了老师身上的习气。

陆有一位朋友，曾想拜某大画家学习山水画。第一次进谒时，适值画家点苔，画家听明来意，头也不抬就说："你要学画，须先练习点苔十年，再说旁的。"某君不禁连连咋舌，退出门后，因惧于画家的习气，再未提及拜师之事。

中国自古论画，多论山水，论及花卉者却是寥寥无几，直到邹一桂的《小山画谱》问世后，花卉才真正成为绘画一门。在邹一桂之后，继述花卉画的专著更为罕见，而山水佳著则是绵绵不绝。社会上高视山水画，并不是因为山水画比非山水高超多少，而是因为文人们担任了山水画的捧角家而已。这便是一种文人们的习气。

国人一向喜欢广博，无论是小说家、教育家、批评家，皆追求包罗万象，而绝不肯就某一事物，细分详剖，以求其真。还有一些人经常在探索过程中，自觉有所感悟，实则一种错觉，误人误己。这可说是一种时代的习气。

读书与作诗

著名画家、生物学家陆辛农一生写过不少诗，但他仍在《辛农见闻随笔》中谦称不会作诗，也从未致力于此，自己写的诗不过是兴致所至的信口吟哦，不求韵律，但求天籁质朴。他的诗日久天长，积累多了，部分结成诗集，部分散见于其日记中，未曾示人，只是自己在闲暇时取出自娱，并以之为一把心尺，通过这些诗折射出当年写诗时的心境。在上海和美国期间所作者，偏于香艳，纯为怡悦性情，不沾尘滓，从中可以知道，当时的自己正处于内无衣食之忧，

1929年广字4号《广智馆星期报》中的《辛农见闻随笔》

外济以山水之乐的状态；在山海关、老黄河口等地考察时写的诗，则多为远离尘嚣之语，有一种清气沛乎其间之感，正如陶渊明的诗、倪云林的画一样清高深稳；1920年至1930年在天津卖画、教授弟子时，写诗不多，只是偶有所成，诗中充满了烟火味道。因为那时他赁居沽市，室近尘嚣，举凡触于目接于耳者，除一俗字，外无他物，既在俗字中讨生活，一些小名小利自然摆脱不掉了。在当时的天津，像他这样讨生活的人比比皆是，说得文雅些叫"市隐"，而在陆辛农看来，自己只是一个"画侩"而已。

　　读书是陆辛农一大爱好。在他看来，"人三日不读书，则浊气充塞心窍"。20世纪二三十年代，他在津虽忙于绘画写稿，但仍坚持读书，哪怕一次只是读上三五行，也觉有所心得。他读的书多属物理、自然科学之类，尤其侧重生物学，旁及的地理、历史仅是偶读。他认为，当时中国的小说家、历史学家已经过剩，不肖再多他这一个了。所以，他将毕生的精力投入生物学上，孜孜以求。然而，学好

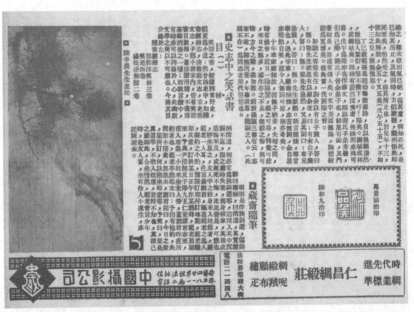

1937年第24期《语美画刊》中的陆辛农先生画松

生物学又不能只是读书，一定要辅之以旅行，进行实地实物考察。但这期间，由于为生计琐事的牵绊，他绝少旅行。每次捧读别人的游记时，他除了艳羡其幸运外，总想从中找到一些关于植物的记载，但多让他所望，故常自言自语道："如此境界，奇花异树，当必不少，而著者不著，实在可恨也！"

在藏书中，他比较得意的有以下几种：一为德文《植物图谱》，所画植物皆为欧洲产品；二为《纽约野花》，收录植物皆为北美洲野生花卉；三为法文《植物志》，包括五大洲，尤详于南美洲、非洲的植物；四为《北戴河之花》，只可惜仅有著录而无图片；五为《北戴河之蛤螺类》，图载甚详，从中可以查证多种动植物的学名、科名；六为《世界一周》，全书几乎皆为世界珍稀植物图谱；七为《中国植物图谱》，虽仅出两册，共收植物百种，但他幸赖此书得以考证太平花等植物。

诗、书、画兼长者，称为三绝。他认为，诗可独立，不必掌握书与画；书则须赖于诗，而不必画；唯画必兼知诗与能书，因画须题款，如不能书，何以题款？画又需题诗，有些画家虽不能自己作诗，但题写古诗也必懂诗，不可随意为之。他曾见到一幅画上题写"野渡无人舟自横者"，而画中舟上却赫然坐着二人！另有一画题写"公孙大娘舞剑器"，而画中之人却是手持双剑！这就是画者不懂诗闹出的笑话。

游西沽、八里台

为了生计，陆辛农来津后，绝少出游。友人曾对他说："终日居，不思动，将乏乐趣。"陆答称："居则神游，动则身游，皆乐也。"话虽如此，他还是接受友人的劝说，于1930年春两次赴西沽赏桃花，同年夏日复泛舟八里台。

1930年旧历三月三十日，陆辛农携妻庞纫秋，约请城西画会的

《河北第一博物院半月刊》

萧心泉、任清吉、俞嘉稣、戴韫辉，以及孙月如、许素珊、钱淑英、张清于等女士，一行十人同往西沽观花。坐车去，乘舟还。戴韫辉于桃花深处为众人快摄数影，陆亦对景写生数幅。归时，余兴尚足，复同买醉于燕春坊，尽欢而散。归家后，陆于灯下再成二律，以记一时雅兴。一为："芳讯年年擅胜场，年年误我尽中忙；今知满树真放锦，才觉探花未是狂。十里尘香迎过屐，一篙涨暖送归航；同行自有城西伴，不数春风沂水长。"二为："最爱堤边三百株，殷红浅白竞相扶；人游画里颜如醉，春满枝头蠛欲苏。妙手劳君留倩影，闲情容我索新图；归来快饮沽河上，可有沽河绝唱无？"

四日后，陆再率家人和女弟子展树光、林茂身、王智敏、贾学文、李蕴普等重游西沽。虽仅隔三日，但已是林间萧条，满地落红，不见前次盛状。陆感怀于此，遂成两首绝句，其一为："极目郊原绿尚微，满林红雨已霏霏；前游转眼刚三日，无复花光照客衣。"其二为："等是乘车又泛舟（仍以车去，以舟还），同来毕竟兴酣不？柳丝虽绾桃花住，一任残红逐浪休。"

同年七月六日，陆与友人萧心泉、缪润生、戴韫辉、石明三、任清吉、马瑞图、俞嘉稣等，泛舟八里台。置身大自然中，陆暂时忘却世俗的烦扰，颇感超脱之慨。归来后，仍以诗志之："浮世欢乐少，我生忧患多，所以达者流，安遇随天和，劳役不为苦，暂休可放歌，而况良辰会，课余心尤那，春日桃花发，曾游西沽坡，今日八里台，烟乡足芰荷，胡不及时往，坐令傲七贤，且胜香山蟠。"

平津饯行程砚秋赴欧

《北洋画报》对程砚秋赴欧的报道

20世纪初，中国京剧开始走出国门，梅兰芳于1919年、1924年两次访日，1930年访美，均大获成功。而1932年1月程派艺术创始人程砚秋赴欧考察西方文化之行，堪称中国戏剧界一大盛事，为此平津社会各界先后为程砚秋举行了隆重的欢送仪式。《大公报》《益世报》均做详细文字报道，《北洋画报》《天津商报画刊》则以图文形式定格了一个个珍贵瞬间，最为可贵的是当年的北平玉亭电影商行全程拍摄录像，生动地再现了社会各界在北平程砚秋的家中、北平火车站、天津火车站、塘沽火车站和天津港口的送行场面。

1930年，教育次长李石曾用退还的部分庚子赔款创办了中华戏曲音乐院，自任院长，程砚秋任副院长，该院设北平、南京两分院，分别由梅兰芳、程砚秋执掌。在李石曾的倡议和支持下，在国际联盟来华教育考察团裴开尔、郎之万的帮助下，1932年1月，程砚秋受南京戏曲音乐院派遣赴欧考察，与之同行的是赵曾隆夫妇和法国学者郎之万。赵曾隆是李石曾的高足，又是程砚秋的法文老师，担任此行的翻译和指导之责。赵的夫人为法国人，想是为与法国联络之便。

1932年1月12日晚，李石曾设宴北平中海福祥居欢送程砚秋。此宴系东兴楼包办，因座客约及百人，故李石曾对宴席的排法煞费苦心，他发明了"合作席"，使宾主连而不断。是日，共设席九桌，每桌原定坐十人，实坐八人，其余两人坐处接以小方桌与另一圆桌相连接，小桌上陈列菜品，九桌浑然一体，场面蔚为大观。席间，李石曾对此办法略加解释，谓系"分治合作"之意。众人不禁议论道，真不愧政府官员，善于应用政治名词。但宴罢据曾参加者言，法虽不恶，但靠近小方桌处之坐客，吃时殊感不甚方便。故而《北洋画报》记者调侃道："故李之分治合作席，仍有不能吃得平均之弊，尚有待于修正也。"

当晚席间，程砚秋曾有一个极长的演说，"其腔调与梅兰芳之慢而柔者又不同，微类其在台上之道白，亦毕竟不脱其本色者"。演说中介绍了此行的行程和目的："已决计不顾一切，定于本月十五日以前由西伯利亚铁路赴欧。预定在半年至一年的工夫，游历法、英、德、意、比和瑞士六国，把他们的戏剧原理与趋势考察一下，带一个有系统的报告回来，以为我们梨园行改进戏剧的参考，就算是程砚秋报答各位前辈及同人的初步。"

著名金融家、金城银行总经理周作民先生是这次活动的赞助方，众人推他致辞。因事先毫无准备，故起立后沉吟良久才开口讲话，"言尤若无系统，是可征财政人物究非外交人物比也"。

1932年1月13日，对于28岁的程砚秋是一个值得纪念的日子，他将在北平东单牌楼东大街北西观音寺34号的家中，告别母亲、妻儿远赴欧洲。他早早地来到院子里准备接待前来送行的北平各界名流。在来自天津的上海长城唱片公司经理叶庸方的导演下，时任中华戏校校长大师焦菊隐，《荒山泪》《春闺梦》的编剧金仲荪，京昆评论家徐凌霄等各界贵宾鱼贯而入，程砚秋站在院中央与来宾逐一握手。随后，程砚秋的母亲托氏老太太、夫人果素英、长子程永光也来到院中与程砚秋合影留念。午后，程砚秋头戴礼帽、身着浅色大衣、颈系长围巾，大步走出院门。门前已是车水马龙，人流夹道。程砚秋一行乘车抵达前门火车站时，月台上已有300多名粉丝在此翘首以待，其中除梨园公会、中华戏校、中和戏院戏剧界人士外，还有许多戏迷，但见人头攒动、观者如潮。程砚秋的师父梅兰芳先生也赶来送行了。16时15分，一声长鸣，机车启动。从天津赶来迎接的叶庸方一直跟随程砚秋左右，忙前忙后。此行的路线是，从北平启程，经天津到塘沽港口乘船赴大连，转西伯利亚抵欧。

1932年1月17日《天津商报画刊》第三版"御霜赴欧专页"的图文详细记录了程砚秋来津始末。

13日下午7时45分，程砚秋一行抵达天津火车站，到车站迎接者有《大公报》张季鸾，《商报》鲁觉吾、张聊公等。与程砚秋同来者有赵曾隆夫妇、郎之万、叶庸方、韩慎先（即夏山楼主）、女伶马艳秋和伶界梁德贵等。到站后，宾主握手后略致寒暄，即同乘车赴裕中饭店稍憩。

是晚，叶庸方在忠兴楼举行宴会，一为饯行，二壮行色。同时

《北洋画报》中的叶庸方与梅兰芳

还有许某在致美楼也已为程砚秋设宴。程砚秋遂商请两局归并，以免顾此失彼，许君赞成，一同来到忠兴楼。晚8时许，程砚秋与叶庸方、张季鸾、鲁觉吾、张聊公同车抵达酒楼。宴设三席，程砚秋居中席首座，法国人米大夫与之比肩，同桌者还有张季鸾、侯曜、杨豹灵、李组才、胡光麃、韩慎先、田润川、王镂冰、郎之万、叶庸方等。鲁觉吾、王小隐、张聊公、周拂尘、杨乐彭、吴秋尘、王芷洲、林小琴、赵雨苏、陈之翔、朱忱薪、齐毅行等各报记者及津门名票则分坐东西两桌。

叶庸方是宁波商人叶星海之子，时任永兴洋行买办，著名的捧角儿家，曾以捧梅兰芳而闻名票界。席间，叶先以主人身份致辞。阐明天下兴亡，匹夫有责之意，人尽其职，即是救国。在讲到程砚秋西行之重大意义时，他说，前此梅兰芳赴美，是将我国戏剧介绍于人，此次程砚秋西去，是以西方戏剧介绍于我。虽然方法不同，但他们的目标却是一致的。最后希望程砚秋到法后，注意普法战后

文化界

之法国戏剧，以何种方法唤起其民众，涤洗其耻辱，以为将来救国之助。

继由《大公报》主笔张季鸾致辞，大意谓我国戏剧须加以整理改革，望程砚秋考察归国后，在京剧艺术中以人之长，补我之短，以新方法改良中国戏曲，振作国民精神。言罢，著名导演侯曜起立，言称深佩程砚秋具有艺术家的天才，尚肯努力求学，将来成就不可限量。希望程砚秋赴法后，考察法国戏剧

《中华画报》对程砚秋的图文报道

《天津商报画刊》的"御霜赴欧专页"

如何"表现人生，批评人生，调和人生，美化人生"。

程砚秋起身答谢，言辞谦抑婉和，始终面带微笑。谓欢送万不敢当，出洋留学，事极寻常，过承厚意，实增惭愧。唯有切望在座诸公加以指导。最让人难忘的警句是："砚秋愿以戏剧促进中国之和平，如已演之《荒山泪》及排而未演之《春闺梦》，皆本此旨。自期此去访晤西方戏剧家，愿联络之

使各促进本国之和平，以实现世界之和平。"《北洋画报》记者闻言，不禁发出"语可惊人，孰谓中国戏剧界无人耶"之慨。叶庸方再次起立，对程砚秋努力和平之志愿极表赞同，唯谓应补充一句，即一面为和平运动，一面仍应研究抵抗强暴之方法，将来编剧似应双管齐下。

一时间，宾主觥筹交错，笑语喧阗。《商报》创办人王镂冰、著名报人王小隐意兴最佳，热情高涨。法国人米大夫饮酒尤其豪爽，席间，他竟高歌一曲法国歌，将宴会推向高潮。

席散后，张季鸾、张聊公、韩慎仙三君意犹未尽，随同程砚秋重返裕中饭店小坐。谈及赴欧行程时，张季鸾劝程砚秋过莫斯科时应下车小住，借以考察苏俄新兴戏剧。程砚秋则说，此行自大连赴长春，实为我国国土，却亦需护照，并须日本领事签字！言下不胜慨叹。程砚秋在裕中饭店小住一宵，房间为102号。其师梅兰芳来津时也曾在这间客房居住，师徒二人先后同室，不知是巧合，还是饭店的刻意安排。

在裕中饭店稍事休息，程砚秋等四人又一同来到叶庸方宅中。宾客稍坐，票友会开场。叶庸方借得马艳秋的胡琴和二胡，烦请韩慎仙、郭仲逸伴奏，连唱了《奇冤报》《空城计》两段，自谦抛砖引玉。次推张聊公《秦琼卖马》，苍老有味。继之是韩慎仙的《击鼓骂曹》，嗓音清澈，举座叫绝。女伶中善唱老生的马艳秋唱的是《斩子》，调门虽高，但仍游刃有余。叶庸方乃请程砚秋一歌，程谦称久

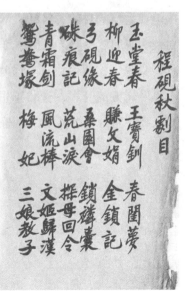

天津市档案馆藏程砚秋剧目（部分）

未引吭，姑为一试，先唱《六月雪》之反调，哀怨悱恻，不忍卒听。继唱《刺汤》二黄倒板转慢板一大段，声韵凄婉，众人击节，叹为绝唱。张季鸾善昆曲，先唱《夜奔》，后与程砚秋合唱《思凡》，但由于与琴师配合生疏，均未能曲终辄止。昆曲既终，皮黄再起，众人皆请程砚秋与韩慎仙合唱一阕，以为最后杰作。乃对唱《武家坡》快板一大段，珠玑错落，备极行云流水之妙，赢得掌声雷动。时至凌晨2时，盛会始散。名伶、名票集于一堂，昆乱杂奏，闻所未闻，众人皆呼过瘾。

次日上午，在叶庸方的陪同下，程砚秋来到法国驻津使馆办理相关手续。乘车抵达天津火车站时，天气晴和，但风沙不小。在车站，面对摄影镜头，叶庸方再次做起了导演，程砚秋与送行人先是一字排开拍摄留影，随后大家自由组合留影。当叶与程合影时，叶颇具镜头感地理了理头发。最后在叶的带领下逐一与程握手，叶仍登车相送。至塘沽车站后，叶一直为程提着一只大皮箱。塘沽车站没有出站口，下车后，程一行徒步穿越铁轨前行。抵达天津港口时，停泊在港口的日轮"济通丸"号早已在此等候。登船前，程砚秋面对镜头，灿然一笑，显出儒雅学人、谦恭君子的风范。行至船舱前，程转身脱帽，挥手致意。这时，站在舱门口与众人告别的五人中已不见叶庸方的身影，送君千里，终有一别，想他也是就此惜别。汽笛长鸣，船身缓缓离岸，渐渐远去，消失在茫茫的大海上。

吴秋尘不吐不快

1932年1月31日，北宁铁路局主办的化妆冰会在尚未竣工的天津宁园举行。因为东三省刚刚沦陷，上海正在被日军轰炸，所以，这场冰会广受社会舆论诟病，《北洋画报》主编吴秋尘更是以《冰核儿》为题不吐不快地给予抨击。

当日上午10时半开会，参加者有170余人，来宾则有500人以上，场面热闹火炽，盛极一时。来宾个个奇装异服，争奇斗艳。刘文锦女士着蔚蓝色老式上衣，秋香色散腿裤，袅娜多姿。丰姿绰约的海关职员曾馥英女士以勇见胜，南开学校某男生乔装成一位亭亭玉立的摩登女郎，形象颇为神似，只可惜缺少了一些女性特有的曲线美。一男一女两名俄国人格外引人注目，俄女高挑的身材，一头卷发，足蹬冰鞋，上着浅色毛衣，下穿超短裙，裸露着两条雪白的大腿，滑冰动作既娴熟优雅又花样翻新，时常以高难动作赢得阵阵喝彩。有一个扮渔翁者，头戴斗笠，身披蓑衣，宛若柳宗元诗中的蓑笠翁"独钓寒江雪"，野趣横生。有一个扮哪吒三太子，身着荷花纸衣，裸露的两臂、双腿满涂绿色，在这样严冬的季节真个是不畏寒冷。有人扮成挂了彩的伤兵，上身满是血污，仿佛刚从前线上吃了败仗下来的伤兵，让人看了不免有些丧气。更为离奇的是，有人扮成了失去家园的东三省孤哀子，全身素缟，但他却一上场就忘记

《北洋画报》中的宁园冰会

了自己的身份，神情激昂，起劲地溜冰，不停地变换着姿态，让人看了哭笑不得。最过分的是有一个竟然扮成了大烟鬼，两个扮成了沿街乞讨的乞丐，当即被主办者临时除名，未准入内。

　　拾土豆、托鸡蛋的技艺比赛把冰会推向了高潮。土豆放在冰道中间，溜冰者以高速滑冰，俯身以各种姿势将土豆拾起；溜冰者将鸡蛋放在一个平板托盘上，从起点起滑，最先抵达终点并且鸡蛋未落地者，即为优胜者。如此一来，比赛现场洋相迭出：土豆没拾起来，人却跌倒在冰上，土豆与选手齐滚；为了避免选手滑倒摔伤，托鸡蛋的女士左右有两名护花使者，即使这样，鸡蛋滑落、选手狼狈、冰面狼藉的现象仍是屡见不鲜，能够顺利完成比赛的更是寥若晨星。最终，两名俄国人的旋风舞、哪吒的胡拉式和某男士的倒溜，

吴秋尘（右）与收藏家许以栗

占据了比赛的三甲。黎元洪的长女黎绍芬、次子黎绍业也赶来助兴，黎绍芬特为优胜者颁奖而来，黎绍业则在一旁闲云野鹤般优哉游哉地独自溜冰。

冰会的文字报道连同鼎章照相馆和南开商行拍摄的数帧现场图片，一并刊登在了1932年2月4日第737期《北洋画报》上。而同日著名爱国报人吴秋尘撰写的评论《冰核儿》则以犀利的笔法，毫不留情地抨击了这场不合时宜的冰会。

1月28日，日军刚刚在上海发动了"一·二八"事变，轰炸了闸北地区。"上海人民正在炮火下挣命，天津人却在冰场上赛溜！一愁一乐，一热一凉，一南一北，好一个相映成趣！"主席在致辞时说，有一个外国曾在危难时不忘体育，今日的冰会正是向他们学习。但外国许多的好东西我们不曾学到，偏偏学到这些好玩的把戏！"溜冰不足，还要吹打着溜，那一阵阵的军乐，真不知奏的是什么，是凯旋曲？是宴乐？是挽歌？"扮一个东三省孤哀子就会把民气鼓励起来了吗？无常鬼大帽子上的"一见大吉"换成"还我河山"，河山便会自己回来了吗？人人都在说不忘国难，但溜完了，吃的是西餐；吃完了，领的是奖品；领完了，携的是情人，带的是眷属，乘的是汽车。"要说溜冰会不是世外桃源，溜冰者不是自在神仙，吾不信也"！看了这场冰会，吴秋尘的心就像冰核儿一样地凉，如鲠在喉，不吐不快！

故宫舞弊案中两主角

1933年8月，国民政府司法院副院长张继的夫人崔振华，控告故宫博物院院长易培基、秘书长李宗侗等涉嫌非法侵占、盗卖故宫古物。一时舆论哗然，轰动全国。当时的各大报刊纷纷连续报道此案，《北洋画报》则独辟蹊径，撰文介绍了该案中两主角易培基和李宗侗，字里行间无不透露出对他们的痛恨和厌恶。

案情始末

接到控告后，监察委员周利生经过多方调查，认为故宫出售的金器有问题：一、出售金器理事会并无决议，行政院也未批准；二、出售的金器是进贡物品，成色高，而处理时售价太低；三、出售了有历史艺术价值的金八仙碗等；该院秘书长李宗侗利用职权，曾先后三次以低价购得该院物品3000余件，牟取私利。

1933年10月14日，易培基正式辞去了故宫博物院院长职务，李宗侗也随即辞职。1934年10月，江宁地方法院检察官对易培基、李宗侗等人提起公诉，指控易培基"陆续将保管之珠宝部分盗取真珠1319粒，宝石526颗，以假珠调换真珠者9606颗，以假宝石调换真宝石3251颗，其余将原件内拆去珠宝配件者1496处"。1935年12月，法院聘请书画家黄宾虹协助鉴定故宫书画真伪。黄宾虹于次年先后在京、沪等地鉴定，并将认定的赝品、伪作几十箱封存起来，作为易培基盗宝的罪证。据此，法院认为，故宫藏品不应有假，有假即为易培基等人以伪易真所致。

1937年9月30日，江宁地方法院检察官对易培基、李宗侗和故宫博物院秘书吴瀛三人提起公诉。但因当时易培基已经去世，且上海战事正酣，南京政局危急，国民政府主要机关忙于西迁，无暇顾及此案。

1948年1月9日，《南京人报》刊登一则题为"易培基案不予受理"的消息，文称因"业已赦免"，"李宗侗、吴瀛免诉；易培基部分不受理"。

新中国成立后，该案数名当事人以不同形式承认易培基在故宫盗宝案中是冤枉的，这起案件实为故宫博物馆院长易培基与副院长张继之间的一场权力纷争。

李宗侗其人

1933年8月24日《北洋画报》发表了署名"我闻"的《关于故宫案中之李宗侗》一文，披露了李宗侗与易培基、李石曾等人的关系。

因故宫舞弊案嫌疑被指控和通缉的故宫博物院秘书长李宗侗，字玄伯，河北高阳人，为清朝名臣李鸿藻之孙、南皮张之万外孙。其父李符曾为李石曾兄长，与袁世凯、徐世昌结拜为兄弟。李符曾以逊清名臣之后自居，颇不以李石曾奔走革命为然。为此，李符曾的几个孩子亦多讳言李石曾。只有李宗侗"目光独远，早即攀援石曾"，并且襄助李石曾的革命事业，李石曾遂倚之为股肱。民国初期，李宗侗毅然随俭学会留学法国，负笈西行。该学会发起人即为张继、李石曾、汪精卫等人。学会内颇多显贵，其中最为著名者，有汪精卫的秘书、时任铁道部次长之曾仲鸣，曾任上海审判厅厅长的女律师郑毓秀，曾任京市工务局局长的汪精卫舅弟陈扬杰等。

留学巴黎时，李宗侗不修边幅，常冠多年破帽，帽带汗渍斑斑，领结与袖口亦均破裂不堪，所着皮鞋时常裸露乞食之足趾，衣裤之敝旧更是不堪入目，虽不蓄长发，但因懒于修理而蓬头垢面，指甲之端常镶黑边。周围之人以其为富家子而竟至如此，亦多感莫名其妙。

1933年8月24日《北洋画报》中的《关于故宫案中之李宗侗》一文

1924年，李宗侗回国，执教于北京大学、中法大学。1928年6月北伐军进占北京后，曾任华北政治会议委员。桂军李宗仁率兵而至时，人多误以为李宗侗与李宗仁原为兄弟，实亦不察之甚。此后，李宗侗地位渐趋显赫，以一身而兼南北职位多达十七八种。有人曾为其计算过月薪，可达七八千元。其后，李宗侗曾任开滦矿务局督办，也是一个美缺。直至1928年东北军入抵平津，才不得不让贤而屈就故宫博物院秘书长一职。而故宫博物院院长易培基时为李宗侗的岳丈大人。李宗侗对故宫工作颇有心得，曾在《故宫周刊》上以"玄伯"署名发表《玄武笔记》一文。

"某"即易培基

1933年9月16日《北洋画报》刊载《关于故宫案中之主角》一文中的"某",明眼人一望便知即指易培基。想必作者对易培基尚存余悸,因此才在文章开头写明"传其轶事,有如下述,惟事实滑稽,未足深信,姑做齐东野语读之可耳"。

故宫舞弊案喧沸全国,该案主角某,尤为人所注意。某外貌虽属忠谨,但却工于心计。初为贩古董客。1913年8月初,李纯率领第六师打败江西都督李烈钧,占领南昌,督理江西全省军务,威权煊赫。一日,传达通报有一湖南书生请求谒见,李纯遂见之,此书生即某也。当时献上一颗李广之铜印,向李纯鞠躬曰:"家藏此物多年,欣逢将军扑灭国民党,功盖万世,堪与古代李广媲美,特献此印,为将军寿。"李纯大悦,遂重用之,是为某发轫之始。后某至北平,得知李征五将军富有计谋,且能接近国民党要员,从之必得光明前途。此后,某日日周旋于李征五左右,大为李所赏识。适值段祺瑞执政时代,李征五任教育总长。李征五素喜做后台客,即向段执政推荐某,于是某

1933年9月16日《北洋画报》中的《关于故宫案中之主角》一文

由政客一跃而为农矿总长。某对李征五无以为报，其时因李之子年龄尚幼，只得退而求其次，以爱女嫁其侄，缔结秦晋之好，亦为攀附之计。

1928年国民政府成立后，北平数所国立大学合并为华北大学，公推蔡元培以大学院长资格兼领华北大学校长，决议已定。时某为谭延闿的秘书，因无以报李征五，乃私书一"任命五爷为国立北平师范大学校长"纸条，暗塞谭延闿皮包内。及至开会决议华北教育时，谭打开皮包，忽见此条，莫名其妙，遂问蔡元培，蔡亦不知所来。蔡以为李征五本人有此运动，深怪其何不直接商议，反以谭高压。当即向谭曰："我的大学院事繁忙，不如将华北整个教育让五爷代劳吧。"从此北方教育有蔡与某之分。1933年春，李征五在北平尚与师大某教授言曰："实在我与蔡先生本人毫无意见。记得有一年在法国时，蔡先生在海滨劝我替他办教育，意极诚恳，想不到某人在南京一时感情冲动，破坏到这样子。"

某为农矿部部长时，多年伏处上海江湾私宅，采集古物，筹销洋庄，仅交一小戳与参事代次长之陈某，即算尽责矣。1930年冬，农矿、工商两部合并改组为实业部，当时蒋介石为国民政府主席兼行政院长，着意改组，某央其戚某院元老要求做实业部长。但蒋对某之放任不尽职责早怀不满，未予理睬。迨至孔祥熙执掌实业部的饬令下达后，某遂懊丧出都。

1931年春，蒋介石决心整顿北方教育，决意任命沈尹默为师范大学校长，沈因出身北京大学，突掌师大，恐起误会，遂力辞。李征五乃荐某为师大校长。蒋介石大为不悦，与陈布雷言："你看李五爷还荐某人呢！"陈布雷曰："不妨敷衍李五爷面子，让他再试验一下。"蒋终不允。于是某自知南京政治生命断绝，遂匆匆北上，担任故宫博物院院长，开始了他的摩挲古物生涯。某久居显职，视故宫院长之职大有五岳归来不看山之慨。"一·二八"淞沪战事即起，某

《天津商报画刊》中的《无结果的故宫舞弊案》

在上海江湾私宅为炮火所毁，逢人便告毁去古物价值数十万。自此，对故宫古物尤为爱惜矣。

1933年7月27日《天津商报画刊》刊登的《无结果的故宫舞弊案》一文，表达了作者"憨儿"对该案不了了之的不满。

故宫舞弊案虽然闹得满城风雨，但是雷声大雨点小，法院虽然传问，而当事人不到，也就没有了办法。这件事的无结果，早在一般人意料之中。闻故宫理事会又请法院停止进行，从此该案遂可不了了之。然而理事会的权力竟然超越法院之上，这也是一件新鲜的事啊。

据北平各报载，故宫调换的古物可以查明者，已达一千数百件，这件事如果不查不办，古物的前途固然不堪设想，而法律的威权、国家的威信，更不知会怎样啊！然而事实是这件案子现在已经判明无结果了，真让人实在无话可说了！

1935年徐悲鸿赴平小记

1935年2月2日，参加欧洲画展后归国的徐悲鸿，途经西伯利亚，穿过东北三省，没有惊动任何新闻媒体悄然抵达北平。他此行的重要任务就是为傅增湘先生画像，完成任务后才与友人相聚。同年2月12日《北洋画报》中的《徐悲鸿来平小记》一文和《傅增湘日记》，记录了徐悲鸿此次约半个月的北平行程。

1935年2月2日正是腊月二十九日。徐悲鸿选择在大年三十的前一天

傅增湘画像

来北平，并且未向外界透露消息，正是为了专心为傅增湘先生画像，而免受干扰。春节一过，也就是徐悲鸿抵平三天后，嗅觉灵敏的记者们听到了消息：徐悲鸿真的来北平了！就住在西四毛家湾、时任北京大学校长的蒋梦麟家。他们四处打探，当记者问到徐悲鸿的好友剧作家熊佛西消息是否属实时，熊佛西还是一头雾水，丝毫不知情。记者问到蒋梦麟时，他却说徐悲鸿已经到天津去了。直到2月8日画像工作完毕，徐悲鸿才与竹刻家吴迪生、画家王青芳、著名报

《北洋画报》中的《徐悲鸿来平小记》一文

人萨空了等在艺文中学举行了一个茶话会，席间，徐悲鸿做了一次公开的谈话，并在此举行了一场小型的徐悲鸿画展。

傅增湘先生的日记清楚地记录了画像的全过程：

二十九日，下午徐悲鸿来谈至5时乃去，此人新周历法、德、意、俄诸国开画展，颇轰动。欲为余写小像，约定新正初二、三、四日下午来。

除夕，2时后徐悲鸿来为写炭笔小像，薄暮乃成，神采极似，因作诗一首赠之。

初二，午后徐悲鸿来画像，薄暮乃去。

初三，下午悲鸿来对写，近暮乃罢。夜宴徐君于园中，约（蒋）梦麟、（胡）适之同饮10时乃散。

初四，悲鸿来画像，暮乃去。

初五，徐悲鸿来画像，1时许，脱稿。

从这段日记可以看出：1935年的春节，徐悲鸿基本上就是在傅增湘家度过的。那么，他为什么要这样执着地为傅增湘先生画像呢？

傅增湘任教育总长时，徐悲鸿正在争取公费留法。在北大校长蔡元培的推荐下，徐悲鸿带着自己的作品拜访了傅增湘。傅增湘看了他的作品后，大加欣赏，当场应允为其争取留法名额。1918年底，徐悲鸿终获出国留学资格。徐悲鸿成名后，对帮助过他的人常怀感恩之心，他的报恩方式就是为恩人画肖像。傅增湘便是其中之一。傅增湘画像今天就珍藏于中国国家图书馆，这幅画像见证了傅增湘与徐悲鸿的深厚情谊，也见证了徐悲鸿的高尚人格。

尽管徐悲鸿的这次小型画展此前并未向各界发出通知，只是在报上发了个新闻消息，但仍不期而集百余人。其中最热心的是齐白石先生，他前后来了两次。第一次来时，徐悲鸿尚未来到，齐白石参观徐悲鸿的画作后就走了。第二次又来则是专程为了看徐悲鸿这个人的。齐白石先生当时已是甚少出门。每出必以马车相载，如夫人挟持。齐白石那天身穿一件大毛

上海《联合画报》对徐悲鸿及其作品的介绍

新皮袍，据说是今年为人作画的润例外，求画者自愿加送的皮衣四件之一。到场的还有书画家周养庵（名肇祥）、篆刻家杨仲子、剧作家熊佛西等。熊佛西着家做皮鞋，衣蓝布衫，外加一毛葛马褂，头戴毡帽盔，颇有乡下土财主风味。因蓝布长衫衣袖长于毛葛马褂约半尺，故陈绵开玩笑说像是清朝人的马蹄袖。

徐悲鸿身着一件蓝布袍，项系白绸布，谈笑娓娓。前来的女性除齐白石如夫人外还有两位，其一为画家梁夫人，系萧美贞的姑姑，与其夫同来。会散后，来宾纷纷散去。徐悲鸿又与杨仲子、熊佛西、中法大学教授陈绵、油画家王悦之、北京大学教授郑颖孙等，同赴展览室畅谈。

此次展览乃系集合北平友人所藏徐悲鸿过去作品而成。其中有牧童骑牛一幅，为杨仲子藏，是徐悲鸿极早之作品。徐悲鸿最初极不愿展览，说那时的画太幼稚。但大家却很感兴趣，认为由此更可窥得徐悲鸿作画蜕变之痕迹。

杨仲子收藏徐悲鸿的画最多。会散，画取下后，杨仲子将画卷好挟于臂间，大家都说他坐在洋车上，市人必疑为一富翁方自厂甸购画归来。因为当时正值厂甸最热闹的时候。杨仲子看看自己的形象也不禁失笑。

此时天已傍晚，大家关闭画展时，忽有两位老妪闯将进来，众人认出是名妓赛金花和她的女仆。自称为专程赶来一睹徐悲鸿的风采。入门后，赛金花与在场诸位一一握手，女仆则向熟人请安拜年。赛金花坐定与徐悲鸿做乡谈。不久，众人皆感时间过晚，在熊佛西的一声招呼下，大家一哄而散。在陈绵的邀请下，徐悲鸿随他回家晚餐。因南京中大9日开课，徐悲鸿原定9日离平。但齐白石先生执意要与徐悲鸿畅叙，遂于9日午间，竹刻大师吴迪生做东在齐白石家宴请徐悲鸿，晚间则有女画家杨化光在东兴楼设宴。据记者了解到，由于各界一再挽留，徐悲鸿称此行延期一至两日。

鲁迅与邵洵美的文坛纠葛

　　嬉笑怒骂皆成文章，鲁迅爱骂人是出了名的，周作人、林语堂、徐志摩、梁实秋等文坛名宿都是他开骂的对象。1933年8月至1935年末，鲁迅与新月派诗人邵洵美你来我往，多次发表文章相互攻击，也曾轰动一时。

鲁迅、许广平与林语堂（后排中）等人合影

1933年8月20日《人言》周刊第1卷第2期上发表了新月派邵洵美的《文人无行》一文，将文人分为五类，第二类为"游学几年，一无所获，回国来仰仗亲戚故旧，编张报屁股，偶然写些似通非通的小品文"。第四类为"离开学校，没得饭吃，碰巧认识了一位拔尖人物，一方面正需要宣传，一方面则饿火中烧；两情脉脉，于是一个出钱，一个出力，办个刊物捧捧场"。矛头直指上海左翼文坛。

　　同年8月26日，左翼领袖鲁迅就以"洛文"署名在《申报》副刊《自由谈》发表了《各种捐班》给予还击："清朝的中叶，要做官可以捐，叫做'捐班'。进入民国之后，连做文人学士和文学家，也可以'捐班'。开宗明义第一章，自然是要有钱。"此后，邵洵美的友人章克标发表《文坛登龙术》一文，其中有"登龙是可以当作乘龙解的，但平常乘龙便是女婿的意思，文坛似非女性，也不至于会要招女婿，这解释似有引起误会的危险"之句。于是9月1日，鲁迅借题发挥，以"苇索"署名在《自由谈》发表《登龙术拾遗》，文中的"最好是有富岳家，有阔太太，用陪嫁钱，作文学资本，笑骂随他笑骂，恶作我自印之。'作品'一出，头衔自来，赘婿虽能被妇家所轻，但一登文坛，即升价十倍，太太也就高兴，不至于自打麻将，连眼梢也一动不动了，这就是'交相为用'"，

1936年10月，病逝前的鲁迅在全国木刻展会上与青年们座谈

也可算酣畅淋漓，一气呵成。

鲁迅的两文一出，大家都在猜测、分析他攻击的是谁。因文中提及"有富岳家，有阔太太"，于是人们首先想到的是郑振铎、赵景深这两个文坛上有名的女婿，但细读文字却又觉得不大像。直到1935年鲁迅在《准风月谈》后记中写明"去年八月间，诗人邵洵美先生所经营的书店里，出了一种《十日谈》，这位诗人在第二期（二十日出）上，飘飘然的论起'文人无行'来了，先分文人为五类……"大家才恍然大悟，知道了他骂的是诗人邵洵美。邵洵美是清朝重臣盛宣怀的孙女婿，又继承了万贯家产，章克标等便是他门下的"帮闲"。

1935年6月22日，邵洵美发表在《人言》周刊第2卷第15期的《劝鲁迅先生》一文也毫不客气地回击了鲁迅："鲁迅先生似乎批评我的文章不好，但是始终没有说出不好在什么地方。假使我的文章不值得谈，那么，为什么总又谈着我的钱呢？鲁迅先生在文学刊物上不谈文章而谈人家的钱，是一种什么作

鲁迅、许广平与蒋径三合影

用呢?"不久,在邵洵美、章克标编辑的《人言》周刊上,刊载了鲁迅在日本《改造》月刊上发表的《谈监狱》译文,编者案说:"鲁迅先生的文章,最近是在查禁之例。此文译自日文,当可逃避军事裁判。"又说:"鲁迅先生本来文章极好,强辞夺理亦能说得头头是道,但统观此文,则意气多于言论,捏造多于实证,若非译笔错误,则此种态度实为我所不取也。"

而鲁迅《拿来主义》中的一段话:"譬如罢,我们之中的一个穷青年,因为祖上的阴功,得了一所大宅子,且不问他是骗来的,抢来的,或合法继承的,或是做了女婿换来的。那么,怎么办呢?我想,首先是不管三七二十一,'拿来'!"则是对邵洵美最为沉重的打击,因为这篇文章一直是中学语文教材中的经典杂文。

直到今天,学界对于他二人的文字恩怨仍是争论颇多。有人认为"这一回是邵洵美自己先拿出大富豪的口气,去奚落贫穷的文人,鲁迅看不过去了,才作文指明这一点。这完全是他自己招来的"。而有人却认为鲁迅是"上纲上线和断章取义",为邵洵美大呼冤枉。1935年2月14日《北洋画报》刊载了一篇署名"石椿"的《鲁迅与邵洵美》一文,记叙了事件的始末和细节,读者或许从中能得出自己的判断。全文如下:

　　章克标作的《文坛登龙术》,解题里有这么一段:"登龙是可以当作乘龙解的,但平常乘龙便是女婿的意思,文坛似非女性,也不至于会要招女婿,这解释似有引起误会的危险。"却不料鲁迅借了这几句话,写出一篇《登龙术拾遗》来,说文坛虽不至于会要招女婿,但女婿却是会要上文坛的。做女婿也是登龙术之一。最好是有富岳家,有阔太太,用陪嫁钱,作文学资本,笑骂由他笑骂,恶作我自印之,作品一出,头衔自来。又在《各种捐班》一篇里这样说:"捐做文学家,只要开一只书店,拉几个作家,雇一些帮闲,出一种小

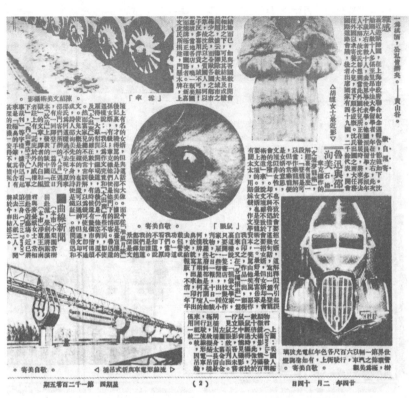

《北洋画报》中的《鲁迅与邵洵美》一文

刊物，七日一报，十日一谈，收罗些废料都是某阔人如何摸牌，某明星如何打嚏的典故，就写了出来，印了出去，交给报贩，不消一年半载包管成功。"这我们当时看了，原不知道说的是谁。我们知道郑振铎、赵景深是文坛上有名的女婿，但与这话不大像。而今从《准风月谈》后记

邵洵美与夫人盛佩玉

里，才晓得骂的是诗人邵洵美。据说邵是盛宣怀的孙女婿，有钱；章克标他们便是他门下的清客。鲁迅还这样说："我以为作文究竟和'大出丧'有些不同，即使雇得一大群帮闲，开锣喝道，过后仍是一条空街，还不及'大出丧'的虽在数十年后，有时候还有几个市侩传颂。然而富家儿总不免常常误解，以为钱可使鬼，即可通文。使鬼大概是的确的，也许还可以通神，但通文却不成，诗人邵洵美先生本身的诗便是铁证。"若问鲁迅和邵氏为何这样过不去呢？原来邵府门客们所办的《人言》周刊，有一回译登了一篇鲁迅在日本《改造》上发表的谈中国《监狱》的文章，译者的附白和编者注上有"托庇于外人威权之下"，"内山书店主人"，"军事裁判"等字样，据鲁迅看起来是"极高的手笔，其中含有甚深的杀机"，安得不气愤呢！

小说家李涵秋生前身后

他国学深湛，早年立馆收徒，弟子盈门；他多才多艺，小说、诗歌、书法、绘画无所不能；他逍遥闲适，放浪不羁，好色吸毒，

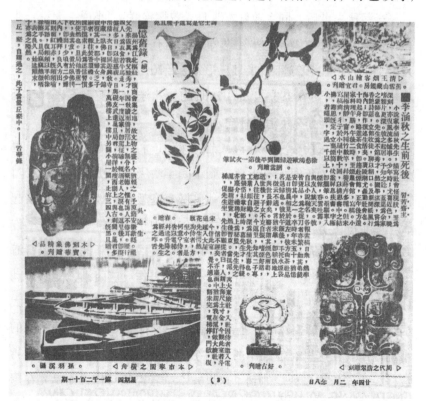

《北洋画报》上发表的《李涵秋之生前死后》一文

英年早逝；他就是曾撰写了《广陵潮》《战地莺花录》等数十部小说、被誉为民国第一小说大家的鸳鸯蝴蝶派小说名家李涵秋。

李涵秋（1873—1923），字应漳，号韵花馆主、沁香阁主人，20岁中秀才，29岁至48岁，先后到安庆、武昌等地做家庭教师。1901年返回扬州，任两淮高等小学文史地教员，后兼任江苏省立第五师范学校国文教师，曾任《半月》主编。1921年，应朋友邀赴上海，主编《小时报》，兼为《小说时报》及《快活林》等报刊撰写小说。次年秋，辞职返扬州。1923年5月突发脑溢血病逝。一生著作颇多，发表作品超千万字，其代表作《广陵潮》，以扬州社会为背景，以恋爱故事为线索，反映自中法战争到五四运动这一阶段的社会百态，布局巧妙，通俗幽默，深得当时文艺界推崇。

李涵秋去世后，同乡兼好友张丹斧曾撰挽联："小说三大家，北存林畏庐，南存包天笑；平生两知己，前有钱芥尘，后有余大雄"。其弟子张碧梧在1923年《半月》第2卷第20号撰写《记李涵秋先生轶事》、习苦斋主在1935年2月28日的《北洋画报》上发表《李涵秋之生前死后》等文章追思怀念。

李涵秋描写社会之怪现状，至为深刻，名扬四海。但他一生更是风流倜傥，少年时尤喜近色，到了晚年嗜吸鸦片更甚。其弟子习苦斋主回忆说，因为李涵秋曾在他家做家庭教师，故而李的生活起居，他非常了解。李涵秋虽不第秀才，但国学深湛，一生中写了许多的香艳诗话。早年曾立馆收徒，聊以糊口。及至新闻报刊风行海内后，即开始以撰写文章维持生计，其代表作《广陵潮》尤其轰动社会。他每天上午10时起床，稍微吃些茶食后，就要赶到烟馆抽大烟，至正午后方还家料理午膳。午后2时，便到烟业会馆开始他的小说创作。在这里有他独用的一间小屋，环境极为清静，窗外种竹数杆，并养莳卉多种。他到了这里并不急着提笔写作，而是先在屋内嘴含水烟往来踱步数十回，以构思故事情节。待筹思既定，立弃烟筒，伏案屏息疾书，千余字的文章一挥而就。他写的字极小，若蝇头，而且每次只要写字超过一千，即刻搁笔。随即驱车再赴烟馆，一边吞云吐雾，一边与友人谈天说地。自从他的小说驰名国内后，当年的报纸都以登载他的小说为荣，时人甚至有"无郑不补白，无李不开张"之谚。一时间，各报索稿日众，简直让他应接不暇，有时实在忙不过来了，他就只好请人捉刀代写，其弟李镜安即为其中刀笔之一，因此他发表的署名文章中也有不少是赝品。

1921年，时任财政部次长的张弧（字岱杉）偶尔购得《广陵潮》，读后大感兴趣，极为赏识李涵秋的才华，遂经过《小说时报》主任钱芥尘从中牵线，礼聘李涵秋北上为秘监。李涵秋随即来京赴职。他先到了上海，打算在上海稍作游览后再乘火车进京。抵达上海后按照钱芥尘的安排，他来到了大东旅社，进得门来，侍者请其乘坐电梯上楼，他

张弧夫妇（坐者）和家人在一起

一时不知何意，站在电梯门口迟疑片刻，但在侍者的再三催促下，他只得走了进来。但他却心中颇为狐疑地对同行人说："人说上海是尺土寸金之一，我还不大相信，今天见到此室若斗，我才相信此话不假啊！芥尘在函中还说为我在上海预订了敞大的旅社，今天却让我居此斗室，实在让我感到不舒服！"话音未落，电梯停住，门启，侍者请其进入旅社敞大的客房。李涵秋一阵愕然，疑惑地问侍者，

方才我们乘坐那间小室，是何意啊？当侍者告诉他刚才那个叫电梯，是为了方便客人上下楼而设的升降机时，李涵秋顿时恍然大悟，连连为之咋舌。

但因为当时北方发生洪灾，津浦铁路被大水冲毁，李涵秋未能到京赴职。钱芥尘遂邀他在上海参与《小说时报》的编辑事务。李涵秋抵达文人云集的报馆时，同人皆欲一睹大文豪的风采，分列走道两侧竞相观看，这让李涵秋感到全身不自在，他觉得自己就像关在笼子里的怪物，供游人观赏取乐。这个不祥的开始也就预示着不幸的结局。李涵秋过惯了安适逍遥的生活，与大上海阗躁喧嚣、灯红酒绿的生活格格不入。于是，第二年他便辞职回乡了。

李涵秋去世那天，习苦斋主曾与之相见。是日清晨，他二人在路上相遇，李涵秋当时刚由茶社品茗而归。吃过午饭后，李涵秋手托水烟袋正在抽烟，刚对身边的人说了句身体有些不适，言犹未毕，即躺卧地上。家人急忙请来医生，但为时已晚，人已气绝身亡。据当时的医生称，他是因烟、色两亏而亡。后据分析，他当时是突发脑溢血。

李涵秋去世后，胞弟李镜安不忍兄长见诸报端的杂文散佚，遂多方搜求，朝夕撮录，共搜集杂文百篇，精取其中六十篇、两万余言，结集成册，将版权让予震亚图书局主人朱崇芳（字挹芳），由寿州李警众校订，名儒谭泽闿题签，于1927年正式出版发行。李涵秋的子女大多不克自振，嗜烟好赌，靠典当借贷度日，扬州的乡人避之唯恐不及。1935年，同为扬州人的习苦斋主返乡，得知他的二儿子从事工业，颇为自励，小有成就，深为老师李涵秋高兴，相信李涵秋先生在九泉之下也可得到些许安慰。

昆曲名伶韩世昌与白云生

1926年7月7日，著名报人冯武越、谭林北在天津创办《北洋画报》，以"传播时事、提倡艺术、灌输知识"为办刊宗旨，其内容包括时事、美术、科学、戏剧、电影、体育、风景名胜等方面的图片和文字。画报第三版为戏剧与电影专版轮流出刊，戏剧专版以报道京剧名角活动消息、剧场演出盛况为主，兼有其他剧种的介绍，昆曲也在其列。韩世昌、白云生为当年昆曲名伶，且多年在北方合作演出，《北洋画报》中计有10余篇报道他们的文字，笔者选取其中几篇代表作推介给大家。这组文章为研究韩世昌、白云生和昆曲艺术，提供了可供参考的珍贵史料。

1935年3月30日《北洋画报》中昆曲名伶白云生、韩世昌、马祥麟合影

韩世昌的跌宕人生

  1929年1月15日，"剧界零讯"的一则消息称，昆曲第一名旦韩世昌自赴日本演出后，名声大振。但回国后，他曾赴大连拜访某下

1936年5月16日《北洋画报》中韩世昌、白云生与日本歌舞团成员合影

野军阀，移樽就教，却引起社会各界人士的诟病。但也有人说，此事原为少年好事者虚构出来的。但不管是真是假，已然闹得满城风雨，他的粉丝们也为之大失所望。这段文字报道了，为弘扬中国的昆曲艺术，1928年10月韩世昌一行20余人赴日本演出，被日本誉为"复兴昆曲的伟人"的史实。据史料记载，韩世昌等在赴日途中经过大连，应满洲铁道株式会社邀请，在大连演出《思凡》《刺虎》《琴挑》《闹学》四剧，引起轰动。至于他是否拜访某下野军阀，没有找到相关文字记载。

  1935年3月16日，庞宝锦的《记赵松声宴昆曲名伶》一文，记叙了津门名士赵松声在登瀛楼饭庄宴请韩世昌、白云生等昆曲名伶的盛况。《史记·乐书》记载，春秋时期，魏文侯听古乐唯恐卧，而听郑卫音不知疲倦，其意是说，魏文侯听古乐时就要打瞌睡，而听亲子国、卫国的民间音乐时则非常兴奋。这便是曲高和寡的原因。昆曲荣庆社创办的时候正值昆曲日渐衰落、"举世之不为之际"。同年旧历二月，荣庆社来津演出，岂料却取得了座客满堂的骄人业绩，这或许是因为津门各顾曲家剥极则复的缘故吧。同年旧历二月初五，作者庞宝锦带着朋友们一起前往观剧，演出异彩纷呈，观众大呼过

瘾，"以重兴之菊部雅音，奏梨园鼻祖之故事，耳娱目快，自不能以言语形容"。大家的感受与当年的魏文侯正好相反。剧阑日暮，曲终人散，捧角儿家赵松声先生，盛情邀请老艺员王益友、笛师侯瑞春，以及韩世昌、白云生、马祥麟各名伶，同饮于蓬莱春。天津名士方地山、许琴伯、张影香、张芍辉、谭北林、张聊公等诸公作陪。与韩世昌并坐的是素有联圣美誉的方地山，鹤发童颜，最为健谈，酒酣微醺之时，他起而言道，晓风残月与铜琶铁板，二者不可偏废。席间座客连连点头称是。有人不禁发问，《马嵬惊变》中的天宝天子年将70岁，为什么戏中不以老生出现却赋予小生角色？白云生回答道，只因天宝天子性格旖旎缠绵，非小生不能准确表现。如果将戏中的人物以史学的标准考量，难免就会有所拘泥。从这段谈话可知，这次雅集绝非寻常聚会，倘若没有深厚的史学功底，没有扎实的戏剧研究，是没有资格坐而论道的。

韩世昌与白云生强强联手

1936年5月16日的《韩世昌初演〈风筝误〉》一文，记录了荣庆社分裂后，韩世昌与白云生成功合作的情状。阳春白雪般的昆曲，在当年也是曲高和寡，后学者均畏难而止，逐渐衰微，几近失传。而北方荣庆社的组建，也只是鲁殿灵光，昙花一现而已。该社因故分裂后，马祥麟、韩世昌各树一帜，分演于平津。马班中有郝、陶、侯等诸老伶工，加入臂助，自能保持相当声誉。而韩班除白云生、魏庆林、侯玉山外，多属后进，大家谈论起来，不免感到韩班的危困。但谁知，韩班的实际成绩却殊出意料之外。韩班连日来在小广寒公演各剧，骚人墨客，麇集一堂，满坑满谷，甚获佳评。据知情人透露，韩世昌此次登场，其歌喉较之前益增嘹亮，刻画剧中人物更臻完善，出神入画；在念字喷吐方面，尤有深切研练，如珠走玉盘，聆者莫不击节称赏。被业内人誉为昆曲大王，实属当之无愧。

况且还有才艺双绝的白云生相佐，更加生色添妙，尤其是他们合作的全本《风筝误》，名伶名曲，相得益彰，广寒宫里，盛况空前。

同日，署名"世琦"的作者经侯玉春介绍，专程采访了白云生。白云生举止言谈文雅得体，丝毫没有当时名伶们的傲慢习气。白云生称，他最初学习的旦角，后经某名人指点，才改习小生。他谦虚地说，如果仍旧唱旦角，恐怕就不会有今日之盛名了。纵观当时走红的名伶，大半都靠编排香艳剧本为号召，白云生则截然不同，专演老本独角戏，如《惨观八阳》《拾画叫画》等剧。而《狮吼记》《奇双会》等描写闺房情景的剧目，白云生更能准确刻画人物，形象逼真，不仅能牵动观众心灵，更能感人至深。白云生已有如此才艺，加之勤奋好学，日后必有更大成就。

同年5月23日《北洋画报》消息称，为提倡昆曲，韩世昌、白云生、侯瑞春、侯炳文等名伶，在天津组织"复兴昆弋社"，积极训练人才，时已招收弟子15人，并已按部就班地逐日开始授课。5月中旬，该社全体师生还曾在劝业场旁边的天祥商场屋顶拍照留念。

同年5月30日，署名"伯寅"的《祥庆昆弋社之三杰》一文告诉读者，白云生夫妻都曾是韩世昌的好搭档。昆曲名伶白云生的妻子李凤云，专工贴旦，为华北昆弋班中仅有之坤伶。贴旦即为主要旦角外的次要旦角，为此，她在昆剧中常饰配角，如《闹学》中的小姐，《游园》中的丫鬟，在戏中均为韩世昌的左右手。至于单工戏如《打刀》《入府》等，李凤云不仅扮相潇洒出尘，演来更是惟妙惟肖，深得佳誉。在昆曲名剧《金雀记》中，白云生饰潘安仁，韩世昌饰潘之妻，李凤云则饰潘之姿，原配反作姿，挚友变成妻，真假互易，成就了梨园界的一段佳话。当时活跃在昆曲舞台上的另有一位老伶工陶显庭之哲嗣，工大面，天赋钢喉，扮相英武。演出《山门》《五台》诸折，气势磅礴，实大声洪。刘福芳为白云生的外甥，工丑角，能剧甚多，如在《学舌》《寄柬》《佳期》《觅花》等剧中，

1936年7月7日《北洋画报》中的《祥庆昆弋社之三杰》一文

搭配极为妥帖，唱、白更是清脆悦耳，天生聪慧。文章最后，作者对这三位崭露头角的昆曲新星给予殷切的期望。他们三人的演技虽还不及韩世昌、白云生的精妙，但如果能够一如既往地研习不辍，加上韩世昌、白云生的言传身教，其演艺必会日臻上乘。

1936年7月7日，白云生为庆祝《北洋画报》创刊十周年，特撰写《我与韩世昌合作史》一文，既详细讲述了自己的演艺生涯，也记述了他与韩世昌多年合作的过程。

白云生的从艺生涯

《北洋画报》为华北最老最精美的画报，白云生在演戏余暇，非常喜读之。兹届10周年纪念之期，无以为敬，遂将他进入戏剧界始

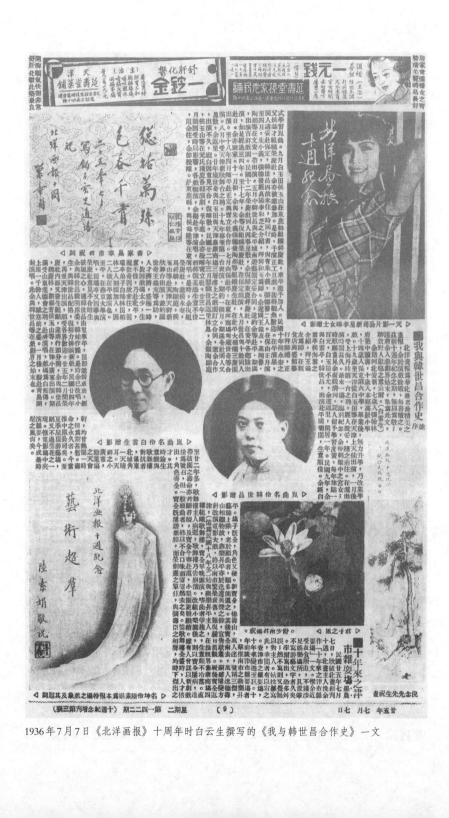

1936年7月7日《北洋画报》十周年时白云生撰写的《我与韩世昌合作史》一文

末，草为此文，聊效野人献曝之意。

他的原籍在河北安新，7岁入张翰林府塾中读书，10岁入本县高级小学，14岁入保定第六中学。毕业后，无力升学，乃改业学戏。19岁至天津，师从白玉田先生等在天津上天仙戏院演出。一月后，受上海丹桂第一台之聘，经人说妥，随之前往。在上海演出时间较长，最末一场，临别纪念，他扮演刺梁中的宫女。当时京剧名伶麒麟童先生在台下观剧，见他面貌清秀，托人留他学习皮黄，每年津贴100元。师父白玉田不允，他遂返回故里河北新安，闲居一年。1920年，他与白云亭、韩世昌在北京同乐园合作演出，生意颇佳。后来，经白云亭、侯海云介绍，拜王益友为师，在粮食店兴盛馆举行拜师礼，正式学习昆曲。

1920年旧历九月，白玉田、侯玉山在束鹿县组织祥庆社，特意到北京来邀白云生加入。1921年，侯永奎之父侯益才组织荣庆社，他也应邀加盟。是时，他演正工旦戏，甚得观众欢迎。在北京演出期满，同人议妥赴保定。韩世昌因故未往，当时同行者还有朱小义、张德发二人。在保定从正月演至四月，朱小义、张德发经高阳李和芝介绍，拜尚和玉为师。白云生遂同王益友、高翔誉、陶郝等在文安县一带演出。五月中，韩世昌与北京城南游艺园定妥合同，约白云生等赴京再度合作，期满后转吉祥戏园演出。

1923年，荣庆社因故分裂，社员星散。白云生只得复归束鹿县祥庆社，在安平各乡镇演出。就这样经过三四年，至1928年，他与韩世昌重新组织荣庆社，在保定演出。九月，韩世昌带领十余名同人赴日演出，白云生未能同往，再度回家赋闲。

同年十一月初，白云生与朱小义、张德发、陶郝等组建庆生社，连续数年在北平大栅栏三庆园演出。至1929年四月，他们离北平赴正定与宝立社合作。七月，再由保定返回北平，在东四商场与庞世奇等合作演出。八月中旬，应新欣舞台之聘来天津演出。1930年初

1936年第28卷第1400期《北洋画报》中韩世昌化装过程和白云生剧照

移至南市第一台演出，期约一个月，期满后全社同人再度解散，白云生重回故里。

1931年，庞世奇与白玉田同天津泰康商场三楼戏园订立合同，邀请白云生加盟。但演出不久，因庞世奇与白玉田意见不合，戏班离散。1933年三月间，韩世昌返回故里休养生息，白云生则带领陶显庭、侯玉山等在元氏、获鹿各县演剧。至年底，他也脱离宝立社。

1934年二月间，因受时局影响，各戏辍演。白云生打算到平津寻求生路。但同人郝振基担心生意不佳，多次阻拦前往，不得已，他只得与郝脱离。不久，白云生到了束鹿县与侯益隆等合作演出。与此同时，他再度重组荣庆社，邀请侯永奎、马祥麟、陶显庭、侯玉山等赴天津天祥新欣舞台演出，并约庞世奇、王益友等为助。此时的荣庆社人才济济，盛极一时。

但辉煌总是暂时的，后因戏班的戏码太少，只是几出轮流演出，生意很受影响，没有了观众，只得停演。白云生只得带领同人再赴北平，庞世奇因故未往。田瑞亭的弟子白鸿林、田柏林二人也来北平露演，遂吸引他们加盟。到北平后，初在燕京大学演出，但田瑞亭又因事与荣庆社意见不合，暗生破坏之心。就在这时，韩世昌从河北高阳老家来到北平，田瑞亭遂拉拢与韩世昌同来的韩成玉另起炉灶。经白云生与韩世昌说明原委，韩世昌好言相劝，韩成玉才算作罢。就在这年，经侯瑞春向王益友建议，白云生遂改唱小生，与韩世昌配搭，努力排演新戏。1935年，再至天津演出，颇受各界欢迎。

1936年二月间，荣庆社内部再次发生龃龉，遂将行头分开，人员分裂。白云生与韩世昌、魏庆林、刘福芳、侯玉山等，在天津小广寒演出。期满，受山东进德会之聘，赴济南演出，戏码为名剧《白蛇传》，上座高达1000余人，空前之盛，与韩世昌的合作达到顶峰。这就是白云生与韩世昌等在昆曲界的奋斗始末。

叶浅予的平津情结

叶浅予从1929年开始创作漫画，在20世纪30年代因创作长篇漫画《王先生》而名动全国。他是浙江人，居住在上海。1935年4月第一次过津赴平，此后多次来到这两座城市。当年的《北洋画报》《玫瑰画报》等报刊，记录了他与平津的情结。

1935年4月23日《北洋画报》发表的（吴）秋尘撰写的《漫画家叶浅予停车津门记》一文，记述了叶浅予首次来津赴平始末。

同年4月中旬，以创作《王先生》漫画而知名的叶浅予往游北平，路过津门，在惠中饭店小住二日。同行者是宗惟赓和梁白波，均为知名画家。经老友宗惟赓的介绍，吴秋尘得以与叶相识。当时，叶年仅28岁，有精悍之身材，清秀之眉目，康健色之皮肤，活泼之神情，国语甚为流利。"谈吐极富风趣，一见如故，完全是艺人风味，而其不怪不奇，又不似所谓艺人者。"他常居江南，此次之行，为初渡长江北来。到津的第一天，至南开大学参观，为南开校父严修之、孙海怪、严仁颖画了一速写像。南开校园的女生们闻讯而来，围着叶浅予索要"王先生"。叶浅予之前没有思想准备，袋中无纸，掏出几张名片递给粉丝。当晚，本拟到南市的茶园去听落子，但落子馆照例不接待女宾，因梁白波为女士，只得作罢，乃赴南市改听刘宝全的大鼓书。演出精彩，叶浅予得饱耳福，情绪高

《北洋画报》中的《漫画家叶浅予停车津门记》一文

涨，座中即兴为刘宝全画了一幅画像，神气十足，若闻其声。回到惠中饭店，叶浅予又为吴秋尘、刘一行各绘一幅王先生合家欢，"布局不同，而笔尖一落，即见有若素识之男女五人出现纸上"。叶浅予曾有"使我闭目为之，亦当不差毫发"之句，今日观其作画，方知非戏语也。梁白波也是画家，只可惜时间匆促，未能留其一笔，吴秋尘不免感到些许遗憾。第二天中午，吴秋尘设宴小食堂款待叶浅予一行，其间，得赠《王先生》第三集一册，"略一展视，又急急掩卷不敢复张，恐喷饭也"。饭后，他们重回饭店，在惠中楼头摄一影而别。

在津时，有人看出梁白波女士似与叶浅予相近，于是，就问宗惟赓："梁女士是否和叶先生有特殊关系？"宗惟赓干脆地答道："没有的事。"又问："何以看来非常亲密？"答："上海人都是这样的！"文章最后写道："此人固不知宗与梁固好友也。"

4月30日《北洋画报》的《北平宴叶宗小记》一文，记录了叶浅予一行在北平的日子。

漫画家叶浅予、大蘑菇宗惟赓、梁白波抵平后，居住在宗惟宽家中。宗惟宽是宗惟赓之兄，在北平电报局任事，其妻在平汉局任职，故所居为平汉局官房。在众人眼里，"广东梁白波女士，为与大蘑菇有相当蘑菇关系之人"。当晚，北平艺术界新闻界同人在庆林春设宴欢迎叶、宗、梁三人，共设三桌。赴宴者有漫画家王君异、蒋汉澄、谭旦冏，摄影家魏守忠、谭正曦、赵澄，新闻界林仲易、季遐时等。女性有著名校花董世锦和与之同来的王精熹，夏承楹、夏

《北洋画报》刊登的《北平宴叶宗小记》一文

承楣兄弟，女明星贾汉玉和丈夫荫铁阁，还有前艺院的蒯彦范和女院之后石晓晖等。席间，叶浅予、宗惟赓各自拿出一个小册子，请大家在上面写画，以为纪念。宗惟赓的小册中，旧有多幅画作，其中黎莉莉、胡笳所写，颇引起大家注意。因为黎莉莉写的是："听说老宗今天他Marry……"胡笳则写："老宗很钦慕广东，现在他已得到了一位广东小姐……"故大家同起要求宗惟赓宣布与黎白波小姐是否已经结婚。但宗惟赓坚不吐实，于是遂有人在宗之小册上写了："老宗向来不讲信用，现在对梁女士问题，又来跟我们混账。我们要求同行改业医之蒋汉澄代为检验，蒋又受了运动，无已，只好叫她们混账吧！"此外，更有人在册上画蘑菇一枝。饭后，宗惟赓曾当着王精熹的面，当众拥抱了董世锦，口中还称之为老朋友。当时王精熹心中是何滋味，则非吾等所可知矣！离开庆林春，大家又群赴英林咖啡馆，直至12时后始散。其间，叶浅予曾画一《王先生与小陈抢大饼》图，赠予谭旦冏，此为叶浅予在北平第一次画"王先生"。

从这两篇文字可以了解到，当时梁白波是以宗惟赓女友身份出现，至少在众人眼中和宗惟赓的心中是这样想的。但大家都知道，就在同年叶浅予就与梁白波同居了。

1935年春，叶浅予参加津浦铁路北上的卫生宣传队，再次来到北平、天津。在北平的半个月时间里，叶浅予在友人的导游下观光了故宫、北海、天坛、颐和园、大栅栏、王府井、天桥、鼓楼、琉璃厂、古玩店、东安市场、西单市场等地，可说玩遍了整个北平城。最后到雍和宫看蒙古喇嘛，并期望有机会能看到传说中神秘的"欢喜佛"，但却抱憾而归。他还曾到长安、吉祥等戏院看杨小楼、荀慧生、谭小培、郝寿辰的演出，在看戏的过程中，画了大量速写。后来叶浅予回忆此行时写道："（我）竟成了画界名人……那些日子，一面大大享受自己奋斗出来的甜蜜果实，一面还得绷紧脑袋瓜，频开夜车，向上海寄稿。"

老画报人物志

在北平的另外一个收获是，叶浅予认识了天津《庸报》的童漪珊。童漪珊请他为《庸报》开辟一个栏目，每周发表一期《王先生北传》。作为答谢，《庸报》邀请叶浅予再赴天津小住。

在天津逗留的短短三天中，"朋辈之包围，几使其不能脱身，所受欢迎，甚于在平"。在津期间，《星期二画报》的主编高龙生一直陪伴叶浅予左右。他们最先到南市中华茶园听了落子，弥补了上次来津时的缺憾。

1935年6月6日，《北洋画报》署名伊人的《叶浅予过津探魔窟》一文，记述了叶浅予来津后赴南市听落子的一段故事。

1937年7月3日《玫瑰画报》刊登吴秋尘的《三画家小集耦影斋》和包经第的《叶浅予与陆志庠》两文，记述了叶浅予第三次来津的经历。

此次，叶浅予来津随行的是漫画家陆志庠和赵望云。第一日，在玫瑰画报社吴秋尘、包经第等的陪同下，叶浅予一行共赴第一公园游览，大家相聚甚欢。叶浅予极为善谈，烟斗不离唇。午饭后，移师北辰饭店小坐。当场画王先生四种，分赠吴秋尘夫妇、吴秋尘的侄女吴式勤、包经第和王畏友。赵望云亦书一扇送给吴式勤。大赢家吴秋尘一家可谓满载而归，他自豪地说："叶、赵此次来津，作画无多，几尽入吾等之手，可喜也。"

陆志庠以绘劳动人物而得名，有些耳聋，与人语，声极低，但聪慧异常，见人口张翕，便能解其语意。与叶浅予尤其默契，叶每与谈，不出声，只动其口，陆即能全部了然，可算是艺坛一奇人也。广座之中，陆志庠寡言少笑，静坐一隅，细观人动态，模仿之，无不惟妙惟肖。赵望云向众人报料，陆善表演。众人遂鼓掌邀请，陆遂与叶表演上海理发匠，细腻逼真，无微不至。陆饰理发师，叶演理发者，二人表演索要小费一节，语言幽默，动作夸张，令人捧腹。陆又学上海舞女，舞客请舞时之欢愉，跳舞时之步伐，

叶浅予一行与天津报人在第一公园。右起：叶浅予、包经第、赵望云、吴秋尘、王
畏友、陆志庠

对舞客之打量，待舞时之烦闷，姿态动作，刻画入微。表演毕，他又为包经第画像六七次，以不惬意终毁之，改写大同孤女一幅，另具风格。

第二天，吴秋尘在耦影斋设宴为叶浅予一行接风。饭后，学生周孝铨来了，叶浅予为其速写一像，赵望云为其作秋林图，一并与之。叶浅予兴致极高，又为吴秋尘的妻子徐凌影及其侄女吴远如写像，神情奕奕。这时，同学雍惠民偕其未婚妻沈絮才不速而至，叶浅予为其作合影，呼之欲出。接下来，精彩演出开始了。赵望云除绘画外，亦工音律，当场借邻友刘麟阁的京胡拉了起来。在京胡的伴奏下，吴远如唱《坐宫》，刘麟阁唱《朱砂痣》，沈絮才唱《甘露寺》《汾河湾》两段，段段动听。叶浅予在刘麟阁演唱时，窃绘其像，生动已极。

画、歌既毕，已至10时。但众人意犹未尽，同赴劝业场观看侯永奎的《蜈蚣岭》，叶浅予过足了戏瘾，称为绝调。戏散时已是午夜，各位匆匆道珍重而别。

第三天，叶浅予一行赴杨柳青写生。画毕，距离登车时间尚早，于是同赴剧场观剧。杨柳青剧场只演夜戏，并无日场，遂入场中各据长板凳一条，大睡一觉。一觉醒来，在众人相送下登车离津。

报人戈公振最后的日子

1935年第8卷第10期《时代》画报中的戈公振

1935年10月15日，曾任《时报》《申报》主笔的戈公振，从苏联乘坐"北方号"轮船回到上海，结束了长达三年的欧洲考察，正打算报效祖国之时，却因病于20日住进了虹桥疗养院，延至22日竟溘然长逝，时年仅45岁。

会见旧友　频繁应酬

戈公振此次回国是应《生活周刊》主编邹韬奋之邀创办《生活日报》的，为此，在上海码头迎接他的便是邹韬奋和《申报》国际版主笔胡仲持。1935年第3卷第4期《世界知识》中邹韬奋的《悼戈公振先生》一文，记述了他们相见时的场景。他们在码头见面时，久别重逢，双方紧紧握手、深情拥抱，但戈的容颜苍白，与往时的红润丰采迥异，精神也很萎顿。邹遂问："夜里在船上睡得怎样？"戈答："睡得不好，每天总要到东方既白时才朦胧睡着片刻。"邹以为他只是旅途劳顿，而且在途中晕过船，所以才这样疲乏。他们乘车一起来到新亚酒店，订好房间后便在附近一个小广东菜馆，吃了极简单的晚饭。因戈还要到上海通信社接洽事情、赴《申报》馆访友，故未及多谈，便匆匆握别。事后，邹认为"其实他此时已有了病，他自己不在意，我们也只想到他的长途辛苦，不曾知道他有了病"。16日晚，邹和几位朋友为戈接风共进晚宴。戈刮了胡子，穿了一套整洁的灰色法兰绒西装，比前一日神采多了。17日、18日，他们还曾通过电话，戈说19日要到南京去几天。不料，22日一早，戈妹绍怡急急地赶来，一见面就泪如泉涌，呜咽着说："哥哥患盲肠炎已经住院了，做了手术，但热度很高，情势很危险，他叫我来找你，有话对你说。"邹急忙随她来到医院。只见戈的脸已瘦削得两颊向内凹陷，脸色比第一天遇见时更加苍白。戈告诉邹，他在海参崴时小便即现青莲色，因为没有好医生，回国的船期又近了，只得匆匆登船。在船上时小便仍是青莲色。到医院来的19日早晨，他没有吃东西，吐出的水也呈青莲色。

同年10月23日《新闻报》中《悼谢福生戈公振两先生》一文则称，17日晚，《新闻报》副刊主笔严独鹤等在陶陶酒家为戈公振洗尘，彼此契阔三年，畅谈别后情状，甚是欣慰。同日《时报》经理张若谷在《追念戈公振先生》也写道："（戈）回国第三天午夜，欣逢于《时报》馆编辑部，先生御冬季大衣，面色苍黧，握手道别时，我即觉其手指冰冷而干瘪，意为旅途困顿所致，并不为异。"

《晨报》社长潘公展在同年第2期《大上海人》中发表《零碎的印象》一文，追记了他与戈最后一次见面时的情景。17、18两日，潘曾两度到新亚酒店找戈，但均未遇见，甚觉怅惘。19日早晨，戈打来一通电话，说要到潘家来看他。潘说午后要到运动场去，正好路过新亚，可去接他同去观看全运会。午饭后，潘偕妻同来新亚。多年不见的老友，自然非常高兴。戈进房间拿了一部很厚重的苏联画苑名画集赠给潘妻。戈在屋内还围了围巾，穿了厚呢大衣，面色有些发白，潘就问他："怎么了，您穿这许多衣服？"戈答："有些发冷，没甚要紧。"潘说："运动场恐不便去吧？"戈说："市中心区的建设没有见过，去看看也好！"他们遂同车赴运动场。在车中，戈并未多说话，只说他的儿子的学名叫宝树，时在徐汇中学高中一年级肄业。潘事后想，好像戈当时已有预感，那几句话似乎是在嘱托潘照料其遗孤啊！到了运动场，戈抄了汽车号，预备散场时再一起乘车回新亚。他二人共同来到运动场的西主席台。潘遇见了好友王公弢，彼此握手寒暄。稍后，潘有事到运动场的办公室，待回来时已不见戈。王公弢说："他下台去看看了。"一直到散场，仍未见戈的身影。潘以为他一定遇到别的朋友，先行同车走了。戈曾说翌日还要到南京去，潘也就并未在意。岂料此一别竟成永诀，潘还自怨"悔不该那天再陪他到运动场去"。

戈公振十余年的好友、曾在《时报》《申报》两次同事的张若谷，在戈病逝后，接连撰写了4篇追思文章，感情真挚，令人动容。其中1935年第3期《十日杂志》中的《哀悼戈公振先生》一文称，

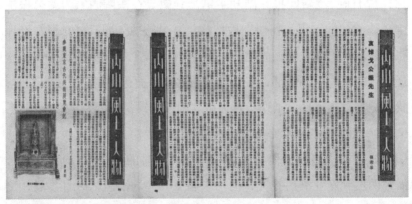

1935年第3期《十日杂志》中的《哀悼戈公振先生》一文

17日午夜，戈来《时报》馆编辑部访问故旧，他俩见面时都很激动，认为从此更可有许多相聚的机会。那一夜，张因忙于写六届全国运动会的记事，未及详谈别后往事。张送给戈一本自己主编的《大上海人》报，请他指导，约定全运会闭幕后到新亚酒店再聚，并请他写一些此番考察欧洲各国的感想。岂料，不几日，戈逝世的消息便赫然出现在全国各报刊上。张急急地赶到殡仪馆，戈绍怡略述哥哥回国的活动：10月15日下午回到上海，是夜即走访《申报》馆诸旧友；16日仍走访亲友，赴各处宴会；17日夜往《时报》访旧；18日本欲参观全国运动会，因感不适未成行，但晚上仍赴友人宴会。19日精神甚萎，下午曾勉强外出，故原定到南京向中宣会报告未能成行。20日身体衰弱，由《申报》经理马荫良送至虹桥疗养院。

入院治疗　溘然长逝

张若谷在戈公振病逝当晚写下了《哀悼戈公振先生》一文，记述了戈住院后的情景。戈入院后，初由梁福莲医师诊视，体温并不很高。不料下午4时，体温突然增高，脉搏加快，曾呕吐一次。戈平素既患胃病，遂以肠胃病施药，同时梁医师怀疑肺部不健，遂照X光片，发现其左肺下曾患伤寒症且有肺痨征象。21日上午，梁医师特请红十字会肺病专家刘德启医师会诊。下午，戈左腹部突发剧烈疼痛，体温继续升高，复呕吐三次。经诊查，为腹膜发炎转为盲肠炎的病状。症状很危险，在征得家属同意后施行手术。手术时，由马荫良请来的董秉奇主刀，梁福莲、刘德启、周自培等三位医师参加。先用麻醉剂，复在右腹下开一小口，腹外已发现炎症，等到摸至膈膜则有黄水，腹部下且有浓，小肠已微破。割治后，化验血内已有病菌，但体温已稍减低，不觉疼痛，精神转好。当晚，其妹绍怡陪护，戈再三劝她："时间不早了，快安心回去吧。"绍怡答："这里没有亲人服侍放不下心。现在已经深夜了，学校（时任东亚体育专门学校训育主任）里不便回去。路很远，行路也不便。"戈说："不要紧，在我行李箱里有护照，你拿去用吧！"但就在此时他的热度再度升高，及至神志间断出现模糊。是夜，女护士每小时诊视一次体温，热度有增无减，注射四针盐水后，病情略好。在神志清醒时，他还关心胞妹的寒暖，看见她背后有窗，殷殷地问她觉得有风没有。后来便昏昏入睡了。22日清晨，戈的热度很高，甚渴，索饮鲜橘汁。医师见他嘴唇焦黑，即在橘汁中放入冰块同饮。将近中午，戈自知病入膏肓，即对他的亲友宣立遗嘱，大意是：人生终有一死，我死不足惜，也不足畏。我并不怕死，但在这样国家多难的时期，我不能给国家尽一些力量，真是难过。若我真无希望了，希望给我服安神药水，免除精神上再受痛苦。我的未完成的著作都放在行李箱里，希望朋友们代为整理。我从前常受朋友们照顾，以后希望朋友们仍旧照顾我的家庭。我的遗体可以送给医院解剖，用火葬。下午2时，戈吐了几口黑痰后停止了呼吸。

邹韬奋《悼戈公振先生》一文中也介绍了戈公振最后的时刻。戈呼吸短促吃力地说道："韬奋兄，我的身体太弱，这次恐怕经不住。我有几句话要跟你说。"戈的声音微弱、时断时续，邹觉得是遗嘱意思，遂将外间的马荫良叫了过来。戈接着说："我的著作报学史，原想用白话写过，现在要请你叫宝权（戈公振的侄子）替我用白话完全写过；关于苏联的视察记，大部分已做好，也叫宝权接下去，你知道他是很好的；还有关于世界报业考察记，材料都已有，可惜还未写出来，现在只好随他去。"这时妹妹劝他不要多言要养神休息，戈说："下午就不行了。"停了一会儿，戈接着说："在俄国有许多朋友劝我不必就回来，但国势垂危至此，我是中国人，当然要回来参加抵抗侵略者的工作！"他说这几句话时，虽在极端疲乏之中，眼睛却突然睁得特别大，语音也特别的激昂，但因为太疲乏了，终至力竭声嘶，沉沉地昏去。一会儿，他醒来又说："死我不怕，有件事要拜托你们，我看已不行，请问问医生，如认为已无救，请替我打安眠针，让我即刻睡去，把身体送给医院解剖，供医学研究。"随后，周剑云夫妇、蒋光堂、黄寄萍等旧友相继闻讯赶到。戈睁开眼睛，尚能微微点头微笑，吃力地从被单里缓缓伸出抖颤着的左手，和围在榻旁的人们一一握手，最后并和护士握手。看他的神情是在与大家做最后的告别。他视死如归，那样镇定，那样旷达，把人生看得那样的清楚，那样的置生死于度外的态度，给在场的人留下深刻的印象，大家不禁潸然泪下。

遵照戈公振遗嘱，家人将其遗体交由上海医学院病理学副教授艾世光解剖。1935年第1卷第4期《中西医药》刊登了《戈公振的遗体解剖事件》一文，附录《戈公振遗体解剖的报告》和《戈公振先生病案报告》，从医学角度阐述了戈公振的治疗过程。入院后，戈自述，回国途中甚觉疲倦，曾有紫色小便数次，排泄时未觉痛苦，亦无臭味。抵沪后时有寒战、常有冷汗，曾服用两片阿司匹林，还洗了热水浴，有感冒将发之感觉，但身体未觉疼痛。20日午后，友人马荫良观其面色苍白，遂伴送其来到虹桥疗养院休养治疗。经梁医师检查结果为：体温37.3度，脉搏每分钟98次，呼吸25次，皮肤苍白口唇干燥，舌是微苔，咽喉正常，腹部平软，无

1935年第32卷第22期《东方画报》图文报道戈公振逝世的消息

疼痛或触痛。胸部经 X 光检查,其左上部略呈病变。入院后 4 小时,体温升至 39.6 度,21 日晨经血液检验,血中无疟疾病虫,但白血球数目增高至 10600。因 X 光报告结果,故请刘德启医师会诊。查出腹部右下部地位有触痛,遂请董医师来院。是日午后 2 时,为避免病势扩大,董医师劝告患者家属立即施行阑尾切除术。经家属同意后,即于是日下午 5 时 28 分用麻醉施行外科手术,以梁医师为助手,周医师为旁察者,董医师实施手术。其壁肌层显有水肿,腹膜幽暗,在腹腔处发现多量黄色水样脓液。后即将此液体取出少许,送往红十字会第一医院以培养法检验,同时亦查得阑尾外膜显有充血状态并有浓液,故予剖出。其他部位诊查完毕后,即置引排液物于腹壁割口中,遂将壁腹缝合。手术仅历 10 余分钟。患者离手术室时情况与入时无异。手术后,遂在患者皮下注射盐水。22 日晨又将患者之血液取出做培养检验,同时亦用冷敷法,强心针等法,终归无效。患者于 1935 年 10 月 22 日午后 2 时呼吸停止。

最后的送别

戈公振突然病逝,亲朋好友无不感到震惊和痛悼,潘公展、张若谷、狄平子、马荫良等成立治丧事务处。1935 年 10 月 24 日下午 3 时,在海格路中国殡仪馆举行大殓仪式。2 时许,馆外车骑纷集,入门者签名登堂。戈先生的遗容居于中央,音容笑貌栩栩如生,仿佛向吊者颔首作微礼。

上海报界中薄负时誉的人物,无一不到,旁及与报界有关的艺术界、电影界,政府宣传机关人员,官方代表有黄炎培、潘公展、萧同兹等,各界闻人有严独鹤、赵叔雍、穆藕初、江小鹣、刘海粟、周剑云、梅兰芳、胡蝶等。电影皇后胡蝶昔日游欧时,事事多得戈公振照料。她虽正筹备婚礼,但也到场极早,衣着玄裳,素面不华,秀颊带有戚意,圆涡乃不复晕,伫立于戈先生遗体前,暗自垂泪道:

"戈先生这样好人，真是可惜！"1935年3月梅兰芳赴苏联期间，戈公振始终参与策划、接待和宣传工作。故梅兰芳也匆匆而来，匆匆而去。刘海粟、顾执中二人均携夫人同莅，群为注目。夏奇峰与戈公振为30年乡谊交情，一边紧握戈手号啕大哭，一边哭诉自己生平性情暴燥，常得戈君蔼然劝阻。此情此景，感人至深。

花圈、花篮堆满堂中，挽联、挽词寥寥可数，或因时促不及撰著之故。朱庆澜书素额曰"天丧斯文"。朱应鹏为"周游海外数万里，小病归来，弹指人天成永诀；尽瘁报业二十年，才长未竟，惊秋风雨剧悲思"。黄炎培自书一副挽词立轴，语极沉痛，洋洋千言。吊宾鱼贯绕棺一周，借展逝者遗容，以表哀肃之敬，排立堂前，行三鞠躬礼，家族复出至堂前答谢，戈先生乃入殓。

戈公振身后至为萧条，丧事所耗，《申报》筹垫500元，潘公展暂垫400元，史永赓公子、梅兰芳各赙200元，马荫良、夏奇峰各赙百元。当日秋雨萧萧，仿佛老天也在凭吊这位将毕生精力瘁尽新闻事业的报人。

1935年12月15日午后1时，戈公振的灵柩自中国殡仪馆运达上海市第一公墓安葬，同时举行追悼仪式。前来致奠者几尽国内各大新闻巨头，有马荫良、汪伯奇、严独鹤、潘公展、黄伯惠、黄任之、朱少屏、邹韬奋等，凌其翰刚从比利时归国也赶来致祭。仪式由潘公展主祭，夏奇峰致悼词，汪伯奇、马荫良、萧同兹、严独鹤等先后致辞，情真意切，使人动容。"切切实实"四字在评价戈先生时被反复引用十数次。江小鹣塑赠的铜像，伫立墓前。治丧事务处还拟定了永久纪念办法，将在各大学新闻系设立戈氏奖学金，以造就新闻界人才。

从张大千、徐燕孙讼事到永安画展

张大千

1933年春，张大千应中国画研究学会的邀请，来北平参加画学会在稷园（即中山公园）举办的春季联展。在这次联展上，张大千展出了三件作品。其中他与于非闇合作的一幅《仕女扑蝶图》，有题诗"非闇画蝴蝶，不减马江香。大千补仕女，自比郭清狂。若令徐娘见，吹牛两大王"，最末两句有挑战画家徐燕孙之意。徐燕孙观后大为恼火，延聘蔡礼大律师，具状北平地方法院，控告张大千恶意诽谤。张大千则搬出蔡礼的老师江庸为其辩护。江庸曾代理北洋司法总长，时任北京政法大学校长，力主双方庭外和解。后又经傅增湘、周养庵从中调解，这场官司遂不了了之。官司虽然没有打起来，但书画界、新闻界却是沸沸扬扬地炒作了两年之久。直至1936年1月11日至13日，张大千、徐燕孙联袂来津，在永安饭店举行了三日公开画展，此案才以两位主人公握手言和画上了圆满的句号。张大千的弟子巢章甫，于1936年1月11日、14日在

《北洋画报》上发表的《从张徐讼事谈到永安画展》一文，以一个旁观者的身份记述了这一事件的全过程。

近两年，平津盛传张徐讼事，轰动一时。此案尚未起诉时，我正在北平。因为我是张大千先生的弟子，故所闻者，多为张先生关系方面的谈论。不久回津后，方知双方均已向法院提起自诉。当时，每遇友人雅集，均以此事为热议的话题，并且问我事件的究竟。讼案主要人物中的张大千先生是我的老师，于非闇先生则是我一直以来的企仰者，去年得识于张大千先生处，谈笑亦各相得。徐燕孙先生之画也是我所钦折，只可惜尚无一面之缘。我是晚辈，涉世又浅，对于三公之事，我既无主见，又无偏袒，更不敢有所讥弹，惟有保持沉默了。

张徐讼事，无形中为一般关心者造成许多谈料，为新闻界造成许多稿料，为艺术界造成许多史料。我时有所闻，耳福诚为不浅。后经双方友好之请，言归于好，并且联袂来津，于11日起在永安饭店

《北洋画报》中的张、徐诉讼案报道

举行公开画展三日。在事件的整个过程中，我是既饱耳福，又饱眼福，是以不可以不记也。

此次永安画展的参加者除张大千夫子、徐燕孙、于非颙外，更有张大千的二哥张善孖、溥心畬、萧谦中、胡佩衡，以及我的同门何海霞诸君。兹将诸位向大家作一介绍。

溥心畬先生为逊清王孙，收藏极富，以《韩干马、陆机平复帖》《怀素苦笋帖》《蔡襄三帖》等真迹为最。平生得力于所藏之无款宋人长卷，曾刊载于《湖社月刊》。其山水不仅工北宗，南宗亦时时为之，其他如花卉、蔬果、草虫、人物、走兽等，并称擅长。书法亦深得晋人三昧。张大千先生曾谓："心畬一枝笔，大江南北无出其右者。"与张大千先生素有南张北溥之称。书画以外更工诗词。北平厂肆集粹山房中收藏他的书画最多。我与主人周殿侯友善，因此有幸得尽观其所藏，真可谓琳琅满目、美不胜收！

萧谦中、胡佩衡两先生，画名享誉全国，以萧胡并称。两先生寝馈二石，旁及四王。萧以浑厚长，胡以松秀胜，各不相让，难分伯仲。他们均著有课徒画稿。胡先生的画存，"更附山水画法，又有画筌丛谭，山水入门，王石谷画法抉微。诸书行世，后学者多奉为圭臬"。

徐燕孙先生，工人物，仕女自吴小仙上窥北宋，曹衣出水，吴带当风，兼而有之。当世北平人物画家，大半出其门下。与张大千先生相识后，曾多次到张大千居住的东方饭店拜访，二人每相与论当世画家，大有曹操、刘备煮酒论英雄之慨。岂料，两位大师渐以细故，竟致涉讼！即使在这期间，张大千先生每见徐燕孙先生作品，"未尝不叹为近古以来所罕有也"。

于非颙，自号闲人，为齐白石先生弟子，早有"师不必贤于弟子之誉"，其画作以草虫为最著。治印宗法秦汉，书法初宗六朝，近则肆力于道君皇帝。钓鱼、养鸽最有研究，曾著专书。十数年来，时时为报章撰稿，其文笔之妙，梁启超先生曾有所谓"笔端常带情感者也"。自讼事发生后，积极筹备张善孖、张大千两位大师的合作展览，朋友中的求画、索书、乞治印者，应接不暇。最近又接连发生弟媳病故、家有病人等事。他要努力赶画，又要筹备画展，虽然他自号闲人，但现在已是手忙脚乱，欲闲不得了。

张善孖、张大千两夫子画享誉海内外者久矣。去岁，张善孖先生三游黄海，张大千先生重登落雁。春间展览于上海，夏间展览于沽上，秋间展览于旧都，冬间展览于新京。张大千先生自华山归来后，开办关洛纪游画展于故都稷园，每次均万人空巷，争往观光。画件扫售一空，后至者多抱向隅之叹。其大风堂收藏之富，甲于中国。将来大风堂书画录写，定将与前贤媲美。洋洋乎，叹观止矣！其门弟子众多，"以晏济原及从子旭明为最能得两师火传"。我虽忝列其门下，与其他弟子相比，只有自愧弗如了。

何海霞，名瀛，北平人，初工北派山水，界画渐私淑大千夫子画法。去年，张善孖、张大千两师在北平举行画展中，得以见到张大千先生的作品，尤为钦折。他遂请友人介绍执弟子礼正式拜师，尽弃之前其所学师从张大千先生。到现在已经不只是深得张大千先生画学精髓，而且其书法也尽力摹拟。可说是"英年力学，所造正不可量也"。

夏里亚宾的中国之行

费多尔·伊万诺维奇·夏里亚宾（1873—1938），俄国男低音歌唱家，被誉为世界低音之王，曾被苏维埃政府授予"人民演员"称号的艺术家。他的表演与人物、语言和歌唱高度融合，嗓音洪亮，音域宽广，极富表现力和感染力。曾主演《可怕的沙皇伊凡》《堂·吉诃德》等电影，灌制近200张唱片。

1935年12月至1936年4月，夏里亚宾曾来华做旅行演出，先后到过上海、香港、大连、哈尔滨、天津、北京等城市，在上海、香港、哈尔滨、天津举行演唱会，受到广

《玫瑰画报》刊登的《歌王印象追记》一文

老画报人物志

大中国观众的热烈欢迎。天津的《玫瑰画报》曾对这一盛事做了连续跟踪报道。

1936年3月6日，《玫瑰画报》记者获悉，享誉世界歌坛的俄籍低音歌王夏里亚宾（画报称为夏里亚平）已经来华做旅行演唱。他已是年过六旬的老人，但他却像是他早年的老朋友高尔基一样，都是以高龄继续在文坛和歌坛上努力。1934年德国著名电影《堂·吉诃德》就是由他主演。此次，夏里亚宾做远东旅行，先到日本，举办演唱会12次。来华后，先到上海演出两场，然后赴香港演唱，再回到上海转至大连，再至哈尔滨。原计划3月下旬赴北平游览，路过天津时，他将在津公演两场，地点在耀华中学礼堂，时间是3月19日、21日两晚。票价分为二元、四元和六元三种。到北平只为游览，不再举办演唱会。游览后，再赴上海演唱一场，便横渡太平洋，到新大陆去了。

3月13日的报道则称，夏里亚宾抵达上海时，文艺界知名人士为他举行了热烈的迎宾茶话会。中途，梅兰芳站起来向客人表示歉意，说晚上还有演出，需要提前离开。夏里亚宾听了非常吃惊："怎么？今天你有演出还来参加这个会？我的习惯是，演出前夕决不参加宴会，连说话都要尽量减少。这样，到了歌唱时才能保证精神饱满，发音清亮。"歌王的一席话让梅兰芳牢记心中，后来他把这件事讲给青年演员听，并告诫他们一定要百倍爱护自己的嗓子。

夏里亚宾抵达哈尔滨后，全城沸腾了。该市侨居众多白俄，尤其俄国侨民更是欣喜若狂，像迎接亲人一样迎接歌王，像节日一般兴高采烈。中国大街（今中央大街）上到处张贴着夏里亚宾的招贴画，观众们乘着马车赶往剧场，一路上马蹄的"嘚嘚"声不绝于耳。

演出结束后，夏里亚宾却患上了感冒，来津的时间只得展期。演出日期也改在了3月30日和4月1日。据悉，此行与他同来的还有他的太太和女儿，另有一位经理人和一位乐师，乐师很年轻，仅22

電影週刊
第一期·一行主編

《玫瑰画报》预告夏里亚宾来津的消息

1936年4月27日抵津的夏里亚宾

岁。夏里亚宾来津的消息早已不胫而走，音乐爱好者翘首以待。

3月30日报道了夏里亚宾来津的消息。低音歌王夏里亚宾到津的消息早已甚嚣尘上，一再改期，姗姗其来。爱好音乐者洗耳恭候，殆历一月，此千呼万唤之艺人，于27日果莅止沽上。夏里亚宾无须，发如雪，而精神矍铄，不类其年，蓝衣、金领，手上指环累累，光芒四射，雅洁修整，与一般所谓艺术家之风度不同，其言蔼然，长者风范。歌王说："余此次北来，在求认识真正之中国，上海为一欧化都市，不足以为代表，故决计北来，观光故都。并小游北方农村，盖予最喜与乡农且乐人与田园，本有不可解之关系，故乐就之。余青年时代，固亦一农家子也。余相仿中国农村，必有可歌诵者在。"

4月6日报道了夏里亚宾在津演出的盛况。3月30日晚，耀华中学礼堂坐满了观众，其中有大鼻子、黄头发、绿眼睛的外国人，也有国内文艺界人士和音乐爱好者。大幕徐徐拉开，首先走出了一个身穿燕尾服的青年。他就是青年钢琴家哥今斯肯。他在众人的掌声中鞠躬致礼，手微微地向上一举，暗示大家安静下来。用英语报告了将要演出的节目后，他便向钢琴走去。他坐下后，手轻轻地放在琴键上，随着他手指弹动，那醉人的琴声便送到每个人的耳畔。两曲过后，他便在掌声中退回后台。

一会儿，他又陪着一个笑容满面的白发老翁走了出来，他就是低音歌王夏里亚宾！观众们立刻沸腾了，起劲地鼓掌。只见歌王的口嘴无声地动着，好像说了许多次："谢谢你们！谢谢你们！"但都淹没在震耳欲聋的掌声中了。他将右手放在胸前按住心脏所在处，来回地伸向听众。意思好像是要把他的赤心拿出来献给爱护他的人们。掌声雷动，经久不息，直到他的笑容渐渐褪去。观众们静了下来，歌王先用英文响亮地报告着："43号！"这是他第一支要唱歌曲的序号。他的节目单和国内演唱会的不同，这是一册用英文印成的歌词，把他将要演出的歌曲排列成102个序号，演出时并不固定，可以任凭他当时的情感而选唱。

与夏里亚宾一同来华的妻女在天津东火车站

这样的两夜，歌王共演唱了35支曲子，其中有著名的《伏尔加船夫曲》和《塞维亚之理发师》，而最受欢迎的算是《蛰蚤歌》，两场演唱会中他都唱了这首歌。

夏里亚宾时已是63岁的老年人，但他的精神竟如此的矍铄，令人敬佩。他歌唱时的面部表情、身体动作，饱含了他对歌曲的理解和对歌曲内涵的诠释。在记者看来，歌王本身就是一首最精彩的歌曲，因为他无论唱什么歌都能做到出神入化。他那美妙的声音，陶醉每一位在场观众的心，尤以低微的唱法令人叫绝，他的每首歌都能带领观众走入不同的艺术世界。

日后，曾到场观看演出的曹禺先生回忆说："我对夏里亚宾这个名字早就熟悉，并且知道他是高尔基的好友。我在南开中学上学时，张彭春老师就给学生播放夏里亚宾的唱片《伏尔加船夫曲》，作为艺术欣赏课。这给我留下非常深刻的印象。后来夏里亚宾到天津开演唱会，我知道后便急忙去买票。他的《伏尔加船夫曲》唱得深沉，浑厚，有力，令人神往。我还从未听过这么美妙绝伦的歌唱。西洋音乐给我留下了很好的印象。"

口琴名家常学墉曾三次拜访夏里亚宾，最初欲将其故乡之箫管送给歌王，后又恐其对中国不甚了解，遂罢。常学墉对歌王颇为钦佩，夏里亚宾离津时，他曾亲往送行，目送着列车缓缓启动，徐徐远去。

社会各界追思人民音乐家冼星海

人民音乐家冼星海

1945年10月30日，以创作《黄河大合唱》而闻名世界的人民音乐家冼星海在苏联病逝，年仅40岁。延安各界为他举行了追悼会，毛泽东亲笔题词"为人民的音乐家冼星海致哀"。惊闻噩耗，郭沫若、茅盾、何其芳、马思聪、未光然、桂涛声、孙慎等20余位其生前好友撰文，追思与他的过往和友情，痛惜他的英年早逝，肯定了他对中国音乐的贡献。

马思聪在法国出手相助

冼星海（1905—1945），广东番禺人，出生在澳门一个贫苦渔民家庭，幼时随母侨居马来亚，1918年回国，先后入岭南大学附中和岭南大学读书。酷爱音乐，1926年入北京大学音乐传习所，1928年进上海国立音专学习小提琴和钢琴。为了实现音乐家的梦想，1929年赴法国巴黎勤工俭学。

初来巴黎的冼星海，身无长物。为了生存，他做过船上的煤炭夫、浴室的堂倌、餐馆的跑堂、理发店的杂役、养牛的工人等各种苦差事，命运的转机是在遇到中国第一代作曲家马思聪后。1946年第17期《文萃》中马思聪的《忆冼星海》一文，记叙了他对冼星海的帮助。

大约在1928年或1929年初夏的一个下午，马思聪从马德里街的巴黎音乐院出来，一个穿

1946年第17期《文萃》中马思聪的《忆冼星海》一文

着破旧大衣的广东人招呼他。他说他叫冼星海，从中国一路上靠在轮船上做苦工来的，音乐是他毕生的大志，他要在法国深造提琴，请求马思聪介绍他的提琴老师。他们谈着，穿过几条大街，天黑下来，巴黎显得很热闹，到处灯火辉煌。他们在一家门店前停了下来，一股热气从门缝里钻了出来，这便是当时冼星海工作的地方，一家兼修指甲的浴室，他是这里的堂倌。冼进去一会儿出来告诉马说，我得开始工作了，只得明天再谈。第二天的早晨，冼领着马来到住处。他住在一所大厦的顶楼，高度仅及成人的身高，宽度仅容一张床和一张桌子。桌子上是一面叫作"牛眼"的开向天空的玻璃窗，练琴的时候，他就站在那张破旧不堪的桌子上，上半身探出屋外，

向着辽阔的天空，面对着大自然，对着上帝练习音阶。冼激励自己说："天不怕，地不怕，只怕星海不努力。"

通过交往，马思聪了解到，冼星海经常从早上5点一直忙到深夜12点。有一次，他实在太疲倦了，在一家华侨餐馆端菜上楼时，忽然眼前一黑跌倒在地，老板教训他一通后将其开除。这对冼来说习以为常了，失业、饥饿、寒冷无时无刻不在困扰着他。他曾在一家咖啡馆拉小提琴，然后脱了帽子，鞠躬向客人讨钱。当走到一名中国留学生面前时，那人突然扬手打了他一记耳光，并喝斥他丢了中国人的脸。他未做任何反抗，低头默默地离开了。

马思聪深为冼星海的苦干耐劳和坚定的毅力所打动，遂介绍自己的老师奥别多菲尔（Paul Oberdoeffer）给他，并免去了他的学费。马说，对于一个像冼星海一样的人，以不可想象的苦干精神去学习，还有什么可以阻止他的成功呢？

报考巴黎音乐院时，因为看到冼星海的西装袖子过长，又是中国人，门警不让进门。他解释说，自己是来报考高级作曲班的。门警更加不信。正在这时，普罗·刁客教授从此经过，走上前来热情地攀着冼星海的肩一同进去了。果然，他顺利过关，而且还考到了个荣誉奖！校方送他物质奖励，问他要什么。他脱口而出"要饭票"！

冼星海的住处门窗都已破旧，巴黎的冬天比中国南方寒冷。一夜，狂风大作，他没有棉被，冻得睡不着，只得点灯写作，他安装不起电灯。一阵大风烈进，煤油灯被吹灭，点了又灭。他伤心极了。风穿过门窗，敲打着墙壁，猛烈地嘶吼，他的心也随之撼动，来巴黎后一切的苦难与不幸全都浮现在他的脑海，一种强烈的冲动让他不能自已，借风述怀，一挥而就，处女作《风》就这样诞生了。第二天，他把《风》交给教授，教授将《风》拿到巴黎音乐学院新作品演奏会上，博得巴黎著名音乐家们的一致好评。以后又陆续写下了《游子吟》《中国古诗》等怀念祖国的作品。

冼星海以工人的身份参加巴黎的国际工会，工会时常放映中国题材的新闻片。他看到内战给人民的残害，同胞的饥饿流离，底层百姓的苦难生活。他对祖国的怀念一天比一天深切，常为祖国的多难而偷偷地哭泣。他说："在困苦生活的时日，祖国的消息和对祖国的怀念也催迫着我的努力。我要把我对祖国的那些感触用音乐写下来，像我把生活中的痛楚用音乐写下来一样。"

作曲家孙慎曾是他的学生

1935年春在巴黎音乐院毕业后，冼星海急于回国报效祖国。他拒绝了一名女青年作曲家的一再挽留，同年初夏做了一次欧洲旅行后便匆匆乘船而归。

回国后，冼星海立即投入抗战歌曲创作和救亡音乐活动之中，创作了大量群众喜闻乐见的歌曲，并为进步电影和话剧谱曲。全面抗战爆发后，国共两党放下成见，联合抗日。他又参加剧作家洪深领导的上海救亡演剧二队，进行抗日文艺宣传。同年10月，转移到武汉，与张曙一起负责开展救亡歌咏运动，后又加入了郭沫若等领导的国民政府军事委员会政治部第三厅，主持抗战音乐工作。

1946年光复版第2期《文艺生活》中作曲家孙慎的《忆冼星海》一文，记录了作者与冼星海的深情厚谊。抗战爆发前，上海曾有一个业余合唱团，电通影片公司创办，吕骥任领队。电通公司停业后，合唱队人员有所变动，孙慎就是在这时加入的。一次，为赈灾筹款合唱队在北四川路精武体育会举行首场公开音乐会。节目进行将近一半时，有人到后台通报说，从法国回来的冼星海先生也在楼上听音乐会呢！大家听后非常激动，也许是因为过分紧张，接下来的一首四部合唱的《青年战歌》歌唱得很糟糕，各个声部也都错了，大家都因为在冼星海面前丢丑了而感到遗憾。那次，孙慎虽没能与冼星海见面，但他觉得冼星海没有学院派的架子，肯屈尊来听他们的

1946年光复版第2期《文艺生活》中孙慎的《忆冼星海》一文

音乐会，在心中一下子与冼星海拉近了距离。

此后，在吕骥的住所，孙慎听了冼星海的《救国进行曲》《运动会歌》等唱片，节奏活泼跳动，旋律独特，明显带有很浓的法国风。孙慎猜想，冼星海一定是个很活泼、很爱说笑的人。

一天，孙慎接到歌曲作者协会的通知，说晚上要到冼星海家里开会。歌曲作者协会由几个词曲作者组成，时在上海的施谊、许幸之、塞克、周钢鸣、吕骥、贺绿汀、沙梅、任光等都是会员。每月举办一次集会，研讨近期创作的歌曲。冼星海是后来才加入的。晚上，孙匆匆赶到法租界福履里路——冼星海的住所。这是一幢普通一上一下的住宅，客厅陈设简单，两边几张椅子，中间一张小桌，右首角落里放着一架钢琴。这是他们的第一次会面，孙紧张又兴奋。冼从房间走出来与大家打招呼，只见他个子很高，身材魁梧，黑黑的皮肤，脸上的颧骨微微隆起，一个典型广东人的面孔。生活的磨难，在他脸上划下几道深深的皱纹，那时他不过二十四五岁，但看上去却有些苍老。说起话来，语句很短，一听便知他是一个不善讲话的人。脸上虽表情严肃，但却透着诚恳。这与之前孙想象的那个爱说爱笑的形象大相径庭。

此后，他们时常见面，当冼完成一首新歌时，便叫孙到冼家来。他们一齐高唱新歌，试验它的效果，觉得不好的地方即做修改。冼写歌很快，自以为豪。接触多了，孙觉得冼很虚心，譬如唱了他的《热血歌》后，孙觉得中间一句处理得不大妥当，提议将"任敌人的火焰"中的四分音符做一些改动。冼认为很有道理，毫无异议地接受了。还有一次，他们试唱《青年歌》，有人觉得有一句有点情绪低落，经过一番讨论，冼也做了修改。正是他的虚心，肯与广大人民群众接触，其作品才有一个极大的转变和进步，如《救国军歌》等作品已不再是法国风，其节奏和旋律已经适合了人民大众的需要，明朗、有力，成为易于为人民接受的有血有肉的歌曲。这也说明他已深刻地体验到了当时人民的感情和需求。

后来，孙慎拜冼星海为师学习指挥。白天他们两个工作都很忙，孙时常在晚上跑到冼家。在冼家的客厅里，孙的面前放着一个谱架，手里拿着指挥棒，对着冼挥动起来，那阵势，仿佛眼前正有一支庞大的合唱队哩！冼从不在中间打断孙的情绪，遇有姿势不佳或节奏不妥之处，他总在指挥终了，总结性地说上几点，并亲自示范给孙看，直到孙彻底领悟。

八一三抗战爆发后，冼星海随救亡演剧第二队出发，孙慎也参加了军队的政治工作，他二人暂时分开。1938年，孙随队到了汉口，冼也正和张曙在政治部第三厅负责音乐工作，他们曾在昙花林匆匆见了一面。这时正是抗战宣传的高潮，冼工作很忙，作品很多。冼到延安后还给孙来了一封信，叙说在延安愉快的生活和紧张的工作，同时要孙把新写的歌曲也寄去，他们可用五线谱印出来。

与词作家桂涛声成为好搭档

当年在武汉广为传唱的抗日救亡歌曲《送棉衣》《在太行山上》，是词作家桂涛声与冼星海合作的成果。桂涛声曾在1946年第26期《民主》中的《悼冼星海》一文，讲述了他们做搭档时的日子。

抗战初期，八路军取得平型大捷后，全国上下群情激奋，备受鼓舞，武汉文化界准备募捐10万套棉衣慰问八路军。桂涛声写了一首小诗《送棉衣》，刊登在胡绳主编的《救中国》杂志封面上。冼星海见了，激起了他的音乐热情，谱成了曲子，在南方广为传唱。后来，在胡绳的引荐下，他二人见了面。冼兴奋地说："《送棉衣》写得好，我只谱了两个小时！"并问桂有什么意见。桂连声说："你谱得又快又好，通俗流畅，唱起来又有韵味，太好了！"从此，他二人常来常往。桂对冼的歌大为赞赏，在前线冲锋陷阵的战士是抗日的有形力量，冼的歌曲则是抗战的动员令，让人听了非去杀死几个日本鬼子不可！

冼领导了一个话剧团，桂除为《战斗旬刊》与《救中国》写稿外，还负责编辑武汉三镇文化界抗敌壁报三日刊。各以事牵，他们的见面多半是在下午。但时间不长，桂便去了太行山。1938年夏，桂重回到汉口，冼时在第三厅，同时还领导着自己创办的海星歌咏队。这支队伍有男女队员一百二三十人，每天下午，冼必由武昌赶到汉口来指挥歌咏队。

有天下午，他们又在武昌见面。久别重逢，冼紧紧地握住桂的双手，非要请他到昙华林去吃小馆子。后桂时因工作关系常到武昌，见面的机会便多了，他们常在一起工作、谈艺术、小吃、聊天，假若三两天不见面，他们心中便会若有所失，不是冼来找桂，便是桂去找冼。

就这样，他们成为了很好的搭档，桂对冼的工作有了进一步的了解。冼每天到第三厅去上班，不是搞音乐创作，便是看书学习，还要指挥歌咏队，工作节奏很快，但他从未叫过苦，也没有说过一声生活无聊。在桂的心目中，冼那不屈不挠的毅力、锲而不舍的精神和对人对事的真诚和热情，不仅是当代音乐家们的好榜样，也是当年一代新青年们的好模范。

1938年8月，因日寇的疯狂进攻，桂不得不离开汉口。临别的前两天，冼邀请桂写一部歌剧，他来谱曲，计划在读书生活出版社出版。冼告诉桂说，他当时正与钱亦石先生的女儿钱韵玲谈恋爱，已到谈婚论嫁的阶段，他准备拿这部书的稿费来结婚。后来，桂加入北上抗日的阵营，不但歌剧没有写成，而且多年也未听到冼的消息，他结婚了没有就更不知道了。直到1945年才听到冼星海在苏联病逝的噩耗。

延安的邻居何其芳

1938年武汉失守后，国内形势大变，国民政府对音乐方面的审查、改削、限制更为严苛。在这种恶劣的环境下，冼星海创作的《到敌人后方去》《空军歌》等歌曲被禁唱，他的地位受到排挤，与他有关的民间歌咏团体也被解散，而代之而兴的官方歌咏团体却将他拒之门外，他的情绪一下子低落起来。在周恩来的安排下，冼星海收到了延安鲁迅艺术学院全体师生发来的电报，邀请他到鲁艺担任音乐系教授。同年9月，他怀着试探的心情，与夫人钱韵玲从西安启程来到延安。1946年第19期《周报》中何其芳的《记冼星海先生》一文，生动地描写了作者与冼星海做邻居时的情景。

何其芳与冼星海同住一排窑洞，那是鲁艺的教员区，叫东山。两家相隔不过十来个窑洞，差不多站在门口就能互相看得见，叫得应，算是近邻了。然而，他们之间的接触却不多。在何看来，冼是一个比较木讷的人，不善于吹谈，也不大和人吹谈。从冼的窑洞经

1946年第19期《周报》中何其芳的《记冼星海先生》一文

过，见他不是一个人屈身坐在窑洞里挥笔作曲，就是和同学们在一起谈论着创作的新唱。冼当时是鲁艺音乐系的主任，何则是同校文学系的主任。何认为，文学系的教员喜欢旁若无人地高谈阔论，而冼却是一个埋头用功的人，新的歌子、合唱不断诞生。

延安很重视冼星海，也很优待他，专给他一个创作间。他的窑洞里生着火，火盆四周经常有朋友们围着，安静地看书取暖，他们都是不习惯北方寒冷的广东人，由于家里缺乏这种设备而来的。冼静静地伏案工作。他喜欢许多朋友到家里来，从不怕人多扰乱他的思路，他需要朋友们给他增加热气。何其芳也曾几次在那里与大家聊天。冼星海说，来延安之前，他以为窑洞又脏又局促，空气不好，光线不够，就像城市贫民的地窖。但当走进自己的窑洞时，他觉得这里空气充足、光线很够，很像个小洋房，不同的是天花板为穹形的。此后，他更知道了窑洞冬暖夏凉的好处。初时他吃杂着壳的小米饭，感到很粗糙，还有一种怪味道，吃了一碗就吃不下去了，后来慢慢才吃惯了。

1938年冬，冼星海与塞克合作，创作了他的第一个大型歌曲《生产大合唱》。他和锄地开荒的劳动人民一样，在音乐的园地里辛勤地耕耘，开辟了自己新的领域。有一天，何其芳到冼家来时，冼正在谱写《民族交响乐》。他把写成的部分搬出来给何看，那时已是厚厚的几大本子手稿了。他对何说："我已经写坏了好几只派克笔了。"何想，这不仅说明他创作的丰富多产，更可以想象他创作激情的饱满与奔放，仿佛五线谱成了他的键盘，钢尖成了他的手指，在全身心投入的情景下，他已经忘却手中的笔是容易磨损的金属了。他的这份激情，正是文学系同事们共同羡慕的。他们认为，一个真正的艺术家就应该像冼一样，创作的灵感似喷泉，不断奔起、迸出。

在一个晴朗的日子里，他俩一起进城，蓝色的天空，太阳放射着灿烂的光芒。为着预防敌机来袭，他们没有走那条经过机场的平坦大道，而是选择了后山的一条小路，还要爬过一座小山。途中，冼说读过何在《中国文化》上发表的《一个泥水匠的故事》，很喜欢诗里歌咏的那个农民，我们的作品就应该反映工农。他还打算把它谱曲后收录到他的《民族交响乐》里去。何问，这有办法写到音乐里去吗？冼答，音乐是什么都可以描写的。

那是一段长长的路程，他们零零碎碎地还谈了很多。时过境迁，何其芳大多已经记不

1949年第8卷第5期《新音乐月刊》纪念冼星海专版

得了，但是那段对话却深深地印在他的记忆里。当时，冼强调反映工农的主张并未引起何的注意，何听后只是淡淡地笑笑，觉得不过是一种普通的说法而已，而且在下意识里还有些轻视这种观点，认为只是一种教条主义、公式主义的说法。到后来，何才认识到这个观点的重要性。冼当时虽不是一个对艺术理论很有研究的人，也并没有一套完满的理论支撑他的观点，但由于他经历过贫苦的生活，对工农大众的解放事业怀抱着热忱，因此，更能够认识这个真理，并且在创作中付诸实践。

1940年5月，因工作关系，冼星海飞往苏联。他走后，延安曾有一度歌声消歇，直到新秧歌运动起来后才又到处充满了歌声。却一直没有冼的消息。苏联战争爆发后，何只是听说冼在列宁格勒围城中，详细的情形并不知道。有时，在路上碰到冼的夫人钱韵玲，何问："最近得到星海先生的消息吗？"她总是笑着回答："没有。"她一边抚养她的小女儿妮娜，一边也参加音乐系的集体的政治学习与生产，一边盼望着丈夫的早日归来。

1945年10月30日，冼星海因患肺病医治无效，病逝于莫斯科的医院中，李立三夫妇与苏方将其安葬于莫斯科郊外的一个公墓中。消息传来，曾与其并肩作战的郭沫若撰写了《吊星海》一文，遗憾在冼星海去世前，他到苏联时，因故未能与老朋友见上最后一面。他写道："号手又死了一个，但人民的声音是永远不会沉没的！"

齐白石点化张道藩

画家齐白石为人耿直孤介，不媚权贵，少与政府官员往来。但1947年底在南京举办画展时却意外收国民党政客张道藩为徒，并在国府路（今长江路）香铺营文化运动委员会上演了一幕拜师大典。有人认为张道藩真是对艺术有着至大的热忱而弃政从艺，也有人认为齐白石与张道藩有着某种幕后交易，更有人认为张道藩的政治目的远远超过了艺术欲望。张道藩确也曾研究过戏剧，导演过戏剧，但拜师一幕的背后却有着一段不为人知的故事。今天笔者通过1947年11月《中国内幕》中《齐白石点化张道藩》一文的资料，旧事重提，意在使读者体味民国时期政坛宦海的内幕，判辨艺术与政治的分野。

木匠出身　一生本色

齐白石，原名纯芝，字渭青，号兰亭。后改名璜，字濒生，号白石、白石山翁、白石草人、白石老农、龙山社长、借山吟馆主者、寄萍堂上老人、三百石印富翁、木人、木匠王等。生于湖南湘潭的白石村，先世业农，幼年家境贫苦，连私塾都不曾读过，30岁前全靠做木匠过活。后因改习雕刻木板花纹，才有机会和《芥子园画谱》接近。他以卓越的艺术天赋，不断地努力进取，一面研习国画，一面从事金石学习，屡有佳作问世，声誉鹊起。他的画最先被军人郭

右起：齐白石、徐悲鸿、周作人

葆生赏识。郭葆生是齐白石的同乡，清朝时官至军门，雅好书画，待齐白石甚厚。齐白石从此有了一个研究艺术的好环境。其后随郭葆生出游广州、桂林等地，视野阔达，交游益广。夏午诒在主政陕西时，曾有爱妾姚无双，酷爱书画，久仰齐白石大名，愿得亲传。夏午诒遂邀齐白石赴陕西教画。在陕西期间，齐白石名利双收。1902年应书画家樊樊山之约来到北平，此后长期定居于此。齐白石虽获"当代唐伯虎"美誉，但并不以出身木匠为低微，故常在自己画作上钤"老木匠"章。

如果说"文人忘形"，那么作为一个艺术家的齐白石更多怪癖。据说，有一次他搭乘飞机去南京时，唯恐飞机失事，曾先立下遗嘱，后被友人知晓，一时传为佳话。1927年杨仲子执掌北京艺专时，邀请齐白石担任图画教授。任教后，齐白石深感受课程和时间的制约多有不便，不久便辞职了。杨一再派人将聘书送至齐宅，齐则一再退回。后来杨将聘书改由邮局寄去，齐仍原信原班退回，并在信封上写了"齐白石已于某月某日死去矣"等字。

正如他的木匠身世，其绘画和为人仍然保持着朴实的作风。有些人说他过分吝啬爱财，但有一次齐白石屈于某位高官的淫威，被迫为其刻了一枚图章，高官遣人送来纹银百两以为报酬。齐接钱后，马上赏给来人作为酒资，充分体现了他孤傲清高的本性。

1947年底，齐白石赴南京举办画展，行前曾郑重声明："我到南京、上海，第一个条件就是不拜会任何达官贵人。"到了南京后，除蒋介石召见时齐白石曾在宪兵司令张镇的陪同下去过黄埔路蒋官邸外，未曾踏过其余任何达官贵人的门槛。及至齐白石收下张道藩为门徒后，再次引起世人的猜测。

政治失意　沽名钓誉

张道藩，贵州盘县人，出身书香门第，自幼发奋读书，1916年考入天津南开中学，1919年西渡英国，1921年入伦敦大学学院美术部就读。1922年加入国民党，后成为CC系骨干人物。历任广东省政府秘书、贵州省党务指导员、国民党中央组织部秘书、南京市政府秘书长、中央组织部副部长等职。

1936年1月，张道藩在南京宴请戏剧界闻人，右起前排俞珊、欧阳予倩、白杨，后排田汉、应云卫、张道藩、唐槐秋、余上沅、洪深、马彦祥

张道藩是一个政治狂热人物。抗战胜利后，他卸任中央宣传部长、海外部长后，只有一个中央文化运动委员会主任委员的闲散职务。据说，1946年国民政府最高当局曾许给他一个南京市长的职位，谁知南京市长马超俊下台时，张道藩家门不幸，母亲去世，他只得赶回贵州料理母丧。待他重回南京时，市长的宝座已被黄郛的内弟沈怡捷足先登了。张道藩一时情绪低落，心灰意冷，满腹牢骚无处发泄。就在这时，听说齐白石要来南京办画展，他便重振精神，决心"弃政从艺"，并宣称专心从事艺术，身体力行，提倡尊师重道的风气。

语讯弟子　官气误人

1936年，经清华校长梅贻琦介绍，张道藩曾赴北平得与齐白石相识，曾欲拜师，但遭婉拒。此次，张道藩对齐白石大献殷勤，阻拦记者和官吏们的打扰，凡事亲历亲为，一切安排周到备至。听说，齐白石身体有恙，遂请金陵名中医张简斋专为齐搭脉看病。请托已故前国府主席谭延闿的女儿谭祥和国民党元老程潜身边的秘书长萧作霖出面，向齐白石二次恳请拜师。齐白石见事已至此，只得做个顺水人情。

张道藩获知后，欣喜若狂，广泛宣传。拜师前，他向书画界、政界、军界、学界、新闻界等社会各界广发观礼请柬，请求大家躬逢其盛，竟然还向蒋介石递上签呈。如此这般，明眼人一看便知，他的拜师之举，完全是一时失意的牢骚表现，哪里是有志于艺术啊！

艺术是一件艰苦的工作，从事艺术的人，须怀清抱高，心志淡泊，如不能摒除"名利"二字，实难进入艺术之宫。张道藩是以政治为背景的艺术热，自然不能博得闭门谢客、懒见要人的齐老师的同情。齐老师已是七八十岁的人了，怎能洞悉不到张弟子的真性情。所以，当张道藩拿出自己画的葫芦和贵州的特有植物请齐老师题跋时，齐老师挥毫写下："道藩弟初学作画，气魄雄伟，能舍胭脂……惟恐官气误人雅趣耳！"齐老师又应张弟子之请，在一本所谓"时贤墨宝"的折子上写上一首诗："门前池水清，未有羡鱼情。鱼

齐白石点化张道藩

亦能知我，悠然逝不惊。"诗外之意，读者一望而知。

　　了解了上述内幕，读者便可以知道张道藩并不是为了追求艺术而师事齐白石。那么，齐白石也就不会在意这位以艺术为手段、以政治为目的的新晋弟子了。因此说，他们两人之间的关系，只是一次偶然的遇合而已。

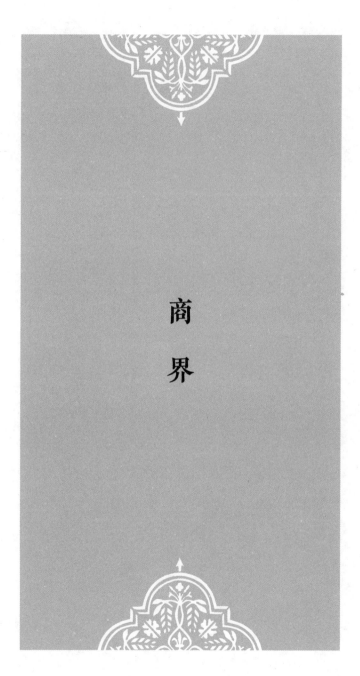

商界

祁仍奚与民国金融大骗案

1928年9月，天津协和贸易公司总经理祁仍奚串通美国人利用瑞通洋行名义，开出面粉和其他货物的假栈单（即存贷栈单），向天津各银行进行抵押借款五六百万之巨，后终因无力偿还而落败，协和公司和瑞通洋行先后倒闭，殃及十余家中外银行，轰动了津、京、沪、汉等地银行业、进出口行业和贷栈业，成为天津金融业一件大骗案。

祁仍奚

专营进出口的协和公司

协和贸易公司是由出身洋行和华商贸易行业的几个人组织起来的，资金最初仅7000元，专经营进出口贸易，股东有李组才、丁懋英、祁仍奚等。经理祁仍奚是福建人，早年留学美国，曾在天津某洋行任职数年，熟知经营之道后，自己开始组建天津协和贸易公司。因其经营有道，管理有方，买卖异常兴隆，公司不断扩大规模，至

1928年初，其公司员工已增至100多人，资金积累已达到20万元，各大城市均有其分支机构和采购庄。总公司设在天津旧英租界海大道（今大沽路）先农大楼内，建立了专门的仓库和加工厂，如猪羊肠加工厂等。为了方便采购和出口桐油，在汉口还设立了分公司并建立仓库和桐油厂；为了采购花生和草帽辫，在青岛、济南设立分公司；为了采购羊绒、核桃、菜籽、麻黄等山货，又分别在太原、石家庄、张家口设立庄号。其出口业务以花生、桐油、羊绒、皮革、蛋黄白、桃仁、地毯、猪羊肠为主，以其他土特产品为辅；其进口业务以面粉、大米、五金为主，以呢绒、洋酒为辅。协和当时在天津华商贸易界是比较有名气的，在与天津英、美、德洋行的竞争中也是一个数得上的行家。

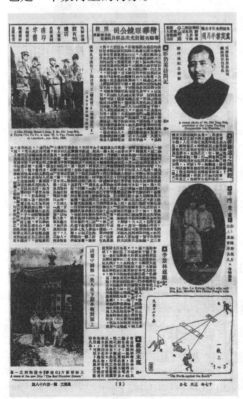

《北洋画报》曾对祁仍奚做了专访

祁仍奚在经营中为了虚张声势，拉拢天津金融界权威人士，任用不少华商银行当权者的亲友，同时也用了不少英美留学生。如前交通银行董事王恭宽任协和公司副经理（王原任交通银行某分行副经理）；段祺瑞女婿、美国留学生奚伦，前天津名流严修孙子、美国留学生严仁增，英国留学生黄培生，美国留学生王晋生、王蕉州等也分担重任。1926年，山东出产的花生，因雨量过大，质量不够出口标准，天津外商公司不接受花生的保险，但祁仍奚冒险投机，竟利用关系，办通中外银行押汇，包定轮船装载大批花生运往美国。到达口岸时，花生已全部发霉，经查出不准上岸，损失惨重。接着他又抛卖桐油、核桃仁、蛋黄白等出口品，也一一落空，亏损越来越大，最后竟与美国人串通，利用瑞通洋行（英文名：American Oversea Warehouse Company）名义，开具假栈单，进行骗取借款的罪恶勾当。

勾结瑞通洋行

瑞通洋行是1925年秋季在天津成立的。既称洋行，主要的特征是外国人主事，事先能在外国领事馆注册登记。瑞通洋行雇用美国人当经理，当然在天津美国领事馆注册登记，办公地址先设在天津海大道信中大楼内。美国人康理祺任洋经理，严仁增任中方经理。康理祺曾任美国驻天津领事馆副领事，对于信托业务不是内行，只因为瑞通洋行是美国洋行，需要雇用美国人当幌子，并利用他在美国驻天津领事馆办理注册登记。股东仍是祁仍奚和康理祺两个人，但其账面上只有协和公司拨来的3万元，康理祺并未拿出一分钱的资本。1926年春，瑞通洋行迁到协和公司早建的仓库、新建的大楼内（今河北路87号，后面即为五层楼大仓库）。后又在河东六经路建立两座仓库，管理人员都是由协和公司调来的。这些由协和公司转来的不动产（仓库和办公大楼）算是瑞通洋行的资产，但是账面上始终没有登记，还是由协和公司使用。对外则诡称有50万美元的资本，预备在美国领事馆注册登记，但还没有正式注册登记，即行开始营业，办理一切信托业务。因存贷的户头只有协和公司一家，所以货物主要是从南北美和澳洲进口的面粉、大米、五金等，出口货物主要是蛋黄白、羊绒、皮革、猪羊肠、地毯、核桃仁、菜籽等山货。货物进出虽有记载，但实际上存多少货物从无人过问和查核。因仓库管理人员均为协和的人，瑞通的人也都是祁一手雇用的，所以祁大权独揽，完全是一个人说了算。协和在业务上亏了本，就向银行借款来弥补。信用借贷只是少数，大多要利用货物栈单向银行进行抵押借款。在那时协和要多少栈单即来电话给严仁增，严也不查核仓库的存货，即照要求开栈单，洋人照例签字也不过问。当然这样开出的栈单与仓库所存货物数目无法相符，开出的栈单也就多半是假的了。这样的骗局在1925年开始，直到1928年秋因为开出中国实业银行取款的一张1万元支票顶了票，才被发现。

迷信洋人　利令智昏

骗案之所以历时3年之久才暴露，一方面是祁仍奚有一套骗人的把戏，另一方面天津银行业人士利令智昏，迷信洋人，也是主要原因之一。协和在出现亏损后，故意虚张声势从银行取出巨额现金，装入大皮包用汽车运往其他银行作为存款，说是卖面粉得来的现款。加之种种排场，如办公大楼、仓库、汽车和祁自己住的豪华别墅等等，使银行界人士争先向协和放款。那时天津贸易界被外国洋行垄断一切业务，而外国洋行多与外国银行往来，中国银行挤不进去，只得在中国贸易公司方面打主意，扩张存放款业务。由于银行业相互竞争，各银行存放款业务对外均保密，彼此互不通气，这更使祁能够为所欲为了。

祁仍奚对天津银行界人士除了三日一酒会，五日一宴会，年节送厚礼外，还送协和公司的股本，如中南银行王孟钟、佘福生，中华懋业银行总经理张伯龙均是协和的股东。祁同时也是中华懋业银行股东兼董事。其他银行人员有的凑款做进出口生意，协和也出股本，赚了钱自然分账，不赚钱也一样分账，但实际上赔的钱均记在协和的账上。人人有利可图，就争先恐后向协和放款。有些规模较小的银号，放款数额不大，协和故意不同它们往来，说协和买卖大，银号零星放款无济于事。但那些银号贪图利息，集合五六家银号和私人的款项，凑成一笔大额数目转托银行贷放给协和。银行也不白干，从中扣一笔手续费，后来协和倒闭，清理时找不到依据，只得自认倒霉。

祁为了拉拢银行人员，在酒会和宴会时，总由他的小姨子约来一些干姐妹招待客人，相互勾搭，丑态百出。金钱美女的诱惑，一个个银行家相继落入圈套。瑞通的康理祺、协和的高级职员王恭宽、奚伦、王晋生等均分别拿高薪、坐汽车，参加做额外生意分红吃利。他们明知协和生意亏了大本，向银行押款都是用的假栈单，这种行为是犯法的，但仍与祁同流合污。尤其是美国人康理祺还无耻地向严仁增说："开假栈单是骗人的事，也是犯法的。可买卖是祁仍奚的事，我虽然是股东，却没有一块美金，买卖赔了，都是祁仍奚的事。我是美国人，不干了可以回国去，中国人管不了我。"严仁增也说过："栈单是假的，是犯法的，我也知道，如果被人发现，上面有股东祁仍奚、经理康理祺，签字的都是美国人，我可以一跑了事。"

多家银行、商号倒闭

协和、瑞通的骗局败露后，天津金融界一片混乱。由于亏损过大，协和、瑞通宣告破产。在破产前一天的下午4时，全市金融界人士齐聚在祁仍奚小老婆宅中，追问协和亏损和现有货物财产实际情况。祁仍奚声泪俱下，闭口无言。大家只得面对面，惊慌失色，有的也一齐流泪。彼此相对直到深夜12时以后，都没有吃饭，最后也没有等到只言片语。祁仍奚以如厕为名，从后院越墙逃走了。经过大家对账，各银行自报，对协和放款总数竟达500余万元！其他外国银行和货栈及私人借款还不在内。数目最大的要算中南银行和中华懋业银行，分别为170万元和130万元。交通银行、金城银行、中国银行、中国实业银行、花旗银行、麦加利银行等均在10万元和几万元不等。

祁仍奚逃走了，严仁增避不见人，康理祺躲进了美国驻天津领事馆内。有的人深夜到仓库去拉货物，如中国银行副经理林凤苞就到货栈用汽车拉走几桶羊肠。有的胁迫祁的大小老婆，追回私人财产和金银、钻石首饰；王孟钟带着小老婆监视祁的小老婆，并强收走了她的部分首饰。天津英租界当局派人拘捕了协和、瑞通的会计师及部分管理人员，将所有仓库和办公地点均予封闭，取走了所有金库的钥匙，并派警员把守。

祁逃到丁懋英家中住了一天，回到协和向大家认罪，并答应负责清理一切债务，所有一切欺骗行为均由他自己负完全责任，与其他人无关。此后康理祺、严仁增也出面清理债务，但几天后，祁又在天津消失了，他逃亡到东北张学良处。临走前，他留下了一封信，说买卖赔光了，自己没有留下任何财产，到张少帅那里去想办法再回来。

最后只得由华洋债权人请出英国公证人麦唐纳清理债权和债务，将仓库、办公楼、厂房、汽车及祁的私人住宅等不动产予以拍卖，清理长达一年零三个月之久，但债权人仅能收回二三成的款额。也就是这个原因，中华懋业银行和其他一些银号、货栈也相继倒闭。

叶星海父子在津病逝

叶星海白手起家，从宁波来津创办利济贸易公司、打包公司，成为天津著名买办。叶星海之子叶庸方，虽继承父业成为永兴洋行买办，但却无心经商，痴迷于西皮二黄，创办天津三大票房之一的永兴票房，与当红名伶结成朋友；创办《天津商报》《天津商报画刊》《风月画报》，广交文化名流。

叶星海，名炳奎，字星海，以字行，1870年生于浙江镇海。早年

《北洋画报》报道叶星海病逝消息

因家境清寒而失学，但却艰苦自励，不以窘迫隳其志，曾就邻家塾师请业，久而通文辞能翰礼。先在上海轮船招商局任书记员职，事业发轫，造端于此。后因结识德国商人吉伯利而转至上海美隆洋行，并于1887年随吉伯利来到天津，在吉伯利创办的兴隆洋行任买办。这期间，叶星海开阔了眼界，广泛结交各地客商，积累了经验和财富。在第一次世界大战期间，他与宁波在津商人严蕉铭等人合伙盘下英商兴茂公司下属的机器打包厂，成立了天津第一家华资打包公司。1918年，叶星海出资，与李组绅、李组才、曹汝霖、陆宗舆等合伙创办了天津最早的华商对外贸易商行——利济贸易公司，叶星海任董事长。1923年，叶星海离开兴隆洋行至法商永兴洋行任买办。因他工作出色，业绩突出，洋行豁免了他的保证金，这在当时华人买办中是绝无仅有的。

叶星海非寻常市廛人。在事业成功的同时，他更热心兴学，创办浙江公学，任解南学校董事。为人正直，主持公道，担任天津商学会会长，该学会为商界仲裁机构，他任职期间为商界排难开纷。乐善好施，热心公益，每遇天津各方有事，慷慨赈济，不易悉数，有"断井泉以济烦渴，设工厂以养贫民"之义举。为人大度，提携后生，稍晚来津的宁波商人大多得到过他的鼎力支持。天津浙江义园成立后，他曾一度主持园务。

1929年7月26日是叶星海的甲子寿辰日。叶家借用黎元洪家里的厅堂祝寿，大宴宾客，宾客多达500余人，还请来了劝业场全班杂耍演员，盛极一时，花费极大。不料两个月后，叶星海竟突然因病去世。同年9月28日《北洋画报》曾以图文报道了叶星海病逝的消息。

署名"梦天"的作者在《今日移灵浙江义园之叶星海先生》一文中，记述了叶星海的生平事略。《曲线新闻》则报道了袁世凯之子袁克文挽联"平生好善　无疾而终"。时在北平的王长林、龚云甫、钱金福、程继仙、陈德霖、王瑶卿、杨小楼、松介眉、王凤卿、高

《天津商报画刊》中叶庸方与马氏　　叶庸方与雪艳琴（后立者）等合影
小妹妹的合影

庆奎、郝寿臣、梅兰芳、程砚秋、尚小云、杨宝忠、郭仲衡、张荣奎等17位当红名伶，公送"德隆望重"匾额一方。四大名旦中只少荀慧生，须生独缺余叔岩。匾由王幼卿亲自赍送津城。

9月29日移灵当日，叶宅大殡，仪帐队巡游于英、法租界，素车白马往还其间，锣鼓僧乐不绝于耳。报界友人在《商报》报馆门前举行路祭，百代公司沿途全程录像。排场奢华，轰动津门。

叶庸方，字畏夏，斋号朝歌斋主，是宁波商人叶星海的独生儿子，1903年生于天津。父亲去世后，接任永兴洋行买办，但他却不善经商，酷爱西皮二黄，喜欢结交报界文人。曾接办意商回力球场，投资创办《天津商报》《天津商报画刊》《风月画报》等。这些报刊为研究近代中国留下了非常珍贵的图文资料。他还是著名票友，专工生行，出资将永兴洋行的国剧票房扩大，在法租界嘉乐里租妥独门独院三楼三底楼房一所，每星期六晚彩排，取名记兴国剧社。该社与开滦国剧社、群贤留韵呈鼎足之势，并称三大票房。20世纪30年代，特约北平名老生孟小茹、武二花韩富信、昆曲名宿杨益友、

《天津商报画刊》中病后初愈的叶庸方

丑角王华甫等任教。该社昆曲、皮黄剧目甚多，每次义演总以武戏做大轴，为了练私功，叶庸方亲自到北京请来文、武老生名演员张荣奎，为他说戏、拉身段、打把子。他先后学会了《南阳关》《武昭关》《战太平》《下河东》等唱、做繁重的几出靠把老生戏。叶庸方待人真诚，轻财重义，广交社会名流，与名伶杨小楼、余叔岩、梅兰芳、程砚秋、尚小云、荀慧生、李桂芳、孟小冬、周信芳等均为朋友。这些名角每次来津，不论是商演、义演还是堂会，必先到叶府拜会叶庸方。叶更是热情接待，家中备有客房数间，专配中西名厨掌勺，美酒佳果盛宴招待。同乡周信芳到津更是亲切，必聚两三日始离去。1930年10月，梅兰芳与孟小冬的关系几近破裂之时，叶庸方精心安排、多次劝解，使他们二人暂时达成和解。1932年1月，程砚秋赴欧考察，他亲到北平接程来津，在忠兴楼设宴钱行，直到送上塘沽港口赴欧日轮，并请来北平玉亭电影商行全程录像。

叶庸方后与坤伶马艳云结为伉俪。婚后，夫妻和睦，叶庸方诸事收敛，很少外出游荡，同以往判若两人。20世纪30年代末，叶氏家境衰落，入不敷出，每况愈下。加之叶庸方吸食鸦片中毒过深，身体日渐衰颓，终致一病不起，于1944年刚及不惑之年就溘然长逝。

上海招商局总办赵铁桥遇刺真相

1930年7月24日，上海招商局总办赵铁桥遇刺后不治身亡，一时轰动全国。国民政府主席蒋介石致电行政院院长汪精卫"请予查案核办"，国民党中常会议决"实行公葬"，吴稚晖、于右任、邵力子等亲往吊唁。对于刺杀原因，普遍认为是赵铁桥得罪了时任招商局董事长、李鸿章的孙子李国杰，李买通刺杀大王王亚樵将其杀害。事实果真如此吗？笔者查阅当年数十种报刊对该案的追踪报道，对于刺杀原因和凶

赵铁桥遗像

手却有不一样的说法：1930年11月警方捕获两名嫌疑人，对刺杀赵铁桥供认不讳，法院判决无期徒刑宣告结案；但三年后警方又缉拿到四名嫌疑人，同样对刺杀赵铁桥供认不讳……

施救时间耽搁在路上

1930年7月24日晨，赵铁桥从吕班路39号寓所乘自备车赴招商局上班，其妻黄氏到新新公司购物随同前往。8时50分抵达上海外滩福州路招商局侧门，车停后，保镖刘华先行下车，赵随后下车，

赵夫人仍坐车中。岂料，赵刚一踏入招商局大门登上第二级石阶，突有两人从旁蹿出，其中一人拔枪施射，赵当即中弹。他忍痛疾步登楼，又听得一声枪响，随后警笛声四起。赵来到办公室外间，当时多数职员尚未到岗，张姓科长见状急将赵搀起缓行下楼扶到车上。赵夫人下车留局，保镖和司机将赵送往最近的宝隆医院。车行至西藏路，赵忽问，你们知道范争波先生之前在什么地方救治的吗？司机说："我知道，是在红十字会总医院。"1929年冬，上海市党部常委范争波在霞飞路遇刺，身中三枪，经红十字会总医院救治，奇迹般生还。赵遂令司机转送红十字会总医院。但该院远在沪西海格路，路上耗费近一小时，且一路颠簸。

来到红十字会总医院后，该院立辟26号、27号两间病房，赵在26号，护理亲友在27号。赵因失血过多，已经昏厥。为明了伤势、止血和清除瘀血，11时，美国医生白良知实施手术。开刀后发现，子弹先后穿过肝脏、大肠，肝部有一洞，大如铜圆。医生止血、去除瘀血后随即缝合。赵渐渐苏醒，医生对随后赶来的赵夫人说，如赵在12小时内无甚变化，一星期左右或可出院。但延至下午5时许，赵体温升高，再次陷入昏迷。白良知告诉赵夫人病人需立即输血。赵夫人表示对其极端信任，并愿以自己的血供给丈夫。经检验10余名自愿献血的招商局员工，只有王福生血型相配。赵输血后略见起色，脉搏、呼吸转佳，语言亦颇清朗，医生遂物色第二名献血者。晚8时许，赵突然呼吸急促，脉搏达每分钟160余次，体温继续升高，医生注射强心针无效，于晚9时许溘然长逝。临终前并无遗言，易箦之际仅赵夫人和数名友好在侧。赵夫人痛哭失声，旋由友人扶归本宅。

据1930年9月23日《新闻报》中《赵铁桥之死与白药》一文称，事后，赵之家人不无遗憾地说，赵之体质强健，中弹后尚可疾步登楼，倘能立即就近抢救，而不是一路颠簸地耽搁近一小时，或不至于撒手人寰。犹有一事，亲友更是引为遗憾，即未能给赵及时施用云南苗人的白药止血。1945年第15卷第1期《杂志》中白虹的《赵铁桥与招商局》也称："假如身体不强健者，中弹倒地，必立即送至附近医院，不致延时太久，致流血过多，也许可以不死。"

验尸调查

案发后，招商局立即成立"招商局代行专员职权赵铁桥先生治丧处"，于25日起在该局楼下开始办公，推定王子骞为治丧处主任，公设总务、文书、交际、会计四组。将赵之遗体从医院领出，先送至万国殡仪馆，复循例昇往斐伦路验尸所。

25日晨9时半，上海特区法院委派郭怀璞检察官率同书记官、法医、司法警察等来到验尸所。法医验明尸体后，检察官升座展开调查。先由招商局辖区中、西两名探长先后陈述赵氏遇刺情形，继保镖刘华供称："年25岁，山东人，为总办之保镖。昨晨坐汽车至四马路招商局，我先下车，赵随之下，时有一人向我开枪，我卧于地，并鸣警笛，其人乃向赵开枪，赵中弹而逃至局中。"司机沈阿三供称："受赵总办雇用有年，住西门路西门里168号，昨晨驾车至招商局，车止，有一人穿印白罗纺短衫、玄色裤子，衫颇长，故裤带间可插手枪。赵氏下车，彼即开枪。"赵夫人称："年37岁，我与亡夫铁桥在车中，见一人上前，腹部隆然，隐如手枪之状，我知系刺客，方欲止夫下车，而夫已下车，致遭非命。现要求令捕房缉凶雪冤。"言时以巾掩面，呜呜而泣。末由招商局暗捕称："我在招商局守门，尚有一同事因接血予赵氏，身体尚未复原，今日不能到案作证。是日闻枪声，初犹以为汽车轮胎爆裂，后又闻鸣笛声，方知有变，时赵氏已入局，我等出外，凶手已坐人力车逃走。"

调查完毕，检察官谕称："验得死者委系生前被人枪伤身死，仰捕房严缉凶手，归案讯办。遗体交赵妻赵黄氏具结领回棺殓。"

死后哀荣

赵案发生后，一时轰动全国。国民政府主席蒋介石致电行政院院长汪精卫"请予查案核办"，国民党中常会议决对其实行公葬，国民政府令："着交行政院从优议恤，呈候核实，并由该院分饬地方军警长官严缉凶犯究办，以彰劳勋，而惩凶暴。"财政部拨发1000元丧葬费，恤金一次性拨付3000元，此后每年另拨960元。招商局发布通告："如有人将凶手拿获送官者，赏洋3000元；知风报信因而缉获者，赏洋1000元。"

1930年10月12日为赵铁桥的设奠送葬日，招商局治丧处特假宁波同乡会举行仪式。上午8时，先由家庭成员致祭，9时后上海航业公会上海党部三区十八分部四川旅沪同乡会和招商局全体职员先后公祭，来宾有吴稚晖、于右任、邵力子等，上海市市长张群派秘书长俞鸿钧代表。于右任挽联云："以奋斗殉其志，为建设惜此人"。

在征求赵铁桥家属意见后，1930年12月10日，行政院训令浙江省政府"中央议决公葬赵铁桥于浙江西湖"。但因杭州葬地浙江省政府一时未及勘定，故暂将赵之遗骸厝于万国公墓。后因烽火频年，局势动荡，公葬之事未再提及。

招商局全体集资2000元制成赵铁桥铜像，出自雕刻家江小鹣之手，为半身像，高一尺五英寸，上书"已故专员赵铁桥氏，以身殉事，来者勿忘"16字。1931年7月24日，在赵铁桥遇害一周年之际，招商局假黄浦路七号半前航业公会召开纪念大会，举行铜像揭幕仪式。铜像安放在杨家渡码头，并竖纪念碑。

缉捕两名嫌疑犯

案发后，上海市公安局侦缉队设法购线，多方侦查。1930年11月20日，侦缉队缉获嫌疑犯王近善（又名王干廷，绰号王老三）。

王供称，某日，在某某的指使下，刘安如召集他、夏少恩（又名夏光耀）、费祥云等四人，在法租界大陆旅馆二楼开房密谋暗杀赵，发给匣子枪和六轮手枪。24日，他等四人同至招商局门口，赵坐车到来，夏少恩及刘安如同时开枪，击中赵致死。事后给洋1000元，由他分各人，并将枪支收回。依据王近善提供的线索，上海县公安局立即赶赴安徽合肥，将夏少恩捕获解回上海市公安局，与王近善当庭对质。夏供称，受王近善邀至法租界某处密谋暗杀，当时王发给六轮手枪一支，王亦自带手枪骑脚踏车前行导引，他与刘安如等四人同至招商局门口，在赵下车时开枪暗杀。事后，王分给他100元，并将手枪收回。据查，夏在1928年曾充六区公安局警察，1929年改充招商局游巡队士，同年10月间因事被开除，故而认识赵铁桥。查阅招商局游巡名册，尚有夏之姓名。警方遂携带夏之照片赴吕班路赵邸，经赵夫人辨认确系正凶。夏自称手持六轮手枪，核与医院检查赵系受铅弹击中，均属相符。其余在逃共犯刘安如、费祥云，侦缉队继续加紧缉拿归案。

上海侦缉队侦查完毕后，遂将王近善、夏少恩解送上海地方法院。1931年1月23日，该院检察处对其二人提起公诉。该院先后三次开庭审理此案，夏少恩供称："我家住浦东杨家渡吴华里，与王老三因同乡相识。他那天来我家里，约我同去上海玩玩。我说我要卖菜为生活，没得闲暇工夫，他就给我两元钱买米。次日，他又来我家邀我同去上海打人。及到上海后，先给我盒子枪，我说不能使，后来换了一支六轮手枪，装好子弹。我说打死人要偿命，他说不打不行，如不去，要将我一家人打死，就强迫我同他去打。事后，王老三给过我100元，将手枪收回去了。"又称："我那天在上海一个人家里，与王老三、刘安如、费祥云等四人会合的时候，王老三将赵（铁桥）四寸照片一张拿出来，交给刘安如。刘安如即当天开枪的人，费祥云仅在旁观见，未曾动手。我不特未将照片着手，并未在旁看清。迨将相片看毕，我同王老三、刘安如、费祥云等四人一道先到饭馆吃稀饭，由王老三交给我1元饭费。吃了同向外滩招商局门口前进，王、刘、费三人疾走，先到目的地，即由预定之刘安如开枪，将赵打死。我因足疾后行，虽未看见枪系何人在何地所开，但事后曾听王老三向我说过，赵实系刘安如开枪所杀的。"

经三审终结，上海地方法院以蓄谋杀人罪，判决夏少恩、王近善无期徒刑。此后，夏、王多次翻供，不服判决，先后上诉至江苏高等法院和南京最高法院，但经刑事庭法官审核供词，以原判并无不合，驳回上诉，维持原判，高院并命将夏、王两犯移送江苏监狱执行，不再发回上海。刺杀赵铁桥一案就此结案。

再缉获另外一伙嫌疑犯

1933年7月1日，上海公共租界老闸捕房中、西干探在先施乐园游艺场拘获王述樵、周执章、洪耀斗、龚文江4名盗案犯，解送淞沪警备司令部羁押。在审讯中，他们自认是刺杀赵铁桥的凶犯，遂转送至上海第一特区法院（简称特一院）讯押。周执章供称，皖人刘安如（即牛金甫）也属该案主犯，当时牛因抢劫松江银行巨款，经警局拘获，解送松江法院判处有期徒刑7年，牛不服，上诉于江苏高等法院，时羁押于江苏监狱。捕房经禀请特一院，亦将牛提至上海。而龚文江不久即获释放。在巡捕房的审讯中，周执章供称："我前在浙军第四师第八旅任输送队队长，洪耀斗则任军法官，故而相识。1930年6月来沪，再与洪相遇，由洪约至法租界菜市路祥顺里13号。经洪之介绍，与王亚樵（王述樵之兄）认识。不久王亚樵创办安徽学会，自充会长，其弟王述樵任教练，我与洪耀斗亦在内担任工作。某次，王亚樵宴我等于洪之家内，刘安如、夏少恩等均在席。席间王亚樵演说，谓为皖人谋利益计，故创办安徽学会，但经费困难，拟在招商局内谋办法，然因赵铁桥之把持无法可想，故欲设法对付。众皆赞同，后王又召集会议一次，指派王述樵探听赵行动。至7月23日，王称赵之行动业已探明，明日即须动手，由我等六人执行。是日晨，我与洪耀斗一组，王述樵与夏少恩、刘安如等一组，怀枪五六支，前往招商局门口附近守候，以王述樵举手为号，即开枪向赵打击。当时我开第一枪，事后由洪拿洋600元，我拿100元。"其余三人也逐一供认了刺杀赵铁桥的经过，内容大致相同。因赵铁桥之家属、司机、保镖时已不知何往，故不能到案指认案犯。

此后，三名嫌疑犯在特一院羁押四年之久，直到1937年4月才开庭审理此案。周执章供认如前，继由公共租界西探长惠脱称，本案被告王述樵、洪耀斗、刘安如被捕后，均先后由周执章指认无误，并陪同巡捕房人员至出事地点表演当时刺杀情形。法庭继提刘安如上庭，牛则对于捕房所供各节完全推翻。又提王述樵，也完全否认所供，并称："王亚樵虽系胞兄，然并不来往，彼之住处亦不知悉。1931年，我在安徽学会任常务委员，彼则允顾问，但极少往来，至周执章则因向我借款不遂，曾欲将我绑架。此次，实被诬攀。"再提洪耀斗供称："我前在庞炳勋部为军法处长，旋任方振武之参谋，及浙军第四师八旅军法官。赵被杀时，为方部解散之时，我正在北平居住，对于赵被杀事完全不知。"

1937年4月中旬，因上海市警察局须对四名嫌疑人另案侦查，声请移提。在市警察局羁押期间，刘安如竟然脱逃。4月28日晨，第一特院续审此案。分别提审周执章、王述樵、洪耀斗三名被告，周对此前口供完全否认，并称"当时虽系我供，但实出于不得已，并无此种事实"。王、洪二人亦一致否认。法庭乃提之前已判无期徒刑之王近善、夏少恩到庭对质，王、夏二人均称与三被告并不相识，周执章亦称不认识王、夏二人。继之，王、夏二人也连连喊冤，声称最初供述乃屈打成招。

在法庭辩论环节，王述樵的辩护人潘莹律师声称，王为安徽合肥人，曾在法科大学法学毕业，向司法行政部领得律师证书，加入上海律师公会为会员，在沪执行律师业务。于1933年7月间，因乃兄王亚樵有谋刺宋子文、赵铁桥等两案牵涉，由淞沪警备司令部令饬特一法院出票协同捕房，将王述樵逮捕到案，移送市公安局，转解警备司令部收押候讯。王乃合肥世家，环境颇好，时有优越成绩，总从事执行律务，与赵素无仇隙，至王在捕房与其他被告所自白者，均与事实不符，自不能采为判令被告王述樵负刑事罪之基础。

1937年5月5日，特一院刑一庭开庭宣告判决结果："王述樵、周执章、洪耀斗均无罪。"公共租界巡捕房律师闻判，声明对于王述樵、洪耀斗无罪部分舍弃上诉权，周执章部分保留上诉，在上诉期内请仍羁押。因周于1929年10月15日下午6时在外滩6号大英银行抢劫银1092两、洋8600元，法庭遂谕令周执章还押再讯，王述樵、洪耀斗则当庭开释。

1937年5月14日，特一院再次开庭审理周执章案，公共租界巡捕房报告调查结果，周执章抢劫大英银行一案证据不足，放弃起诉权，对赵铁桥一案亦决定不再上诉，并向特一院声请开释周执章。经庭长照准，将周执章押案撤销，当庭开释。

刺杀原因

从以上两批嫌疑人的审理结果可以看出，当年仍认定夏少恩、王近善为刺杀赵铁桥的凶手，而宣告王述樵、洪耀斗、周执章与此案无关，但现在大家公认的是赵铁桥为王亚樵桥雇凶所杀，而幕后指使者则为招商局董事长李国杰。那么，究竟是谁刺杀了赵铁桥，刺杀的原因又是什么呢？

1930年7月25日《时报》分析称："至于赵此次被刺原因，传说有二：一是政治关系，因中央军此次一切运输，深得赵氏之力，故反动派见而衔恨，下此毒手；二是招商局关系，因赵氏自奉命整理改组该局以来，深为反动派所不满，或竟因此而指使凶手暗杀。"同年7月27日《金钢钻》中《赵铁桥被刺之意味》一文则称："赵铁桥之死，以一般人目光视之，多认为社会上普通暗杀事件。唯在具有政治眼光者观之，则多少有几分政治意味存在……赵任招商局总办二年有余，平日舆论毁誉参半，唯对于政府颇能鞠躬尽瘁，每遇战事发生，运输方面调度有方，此番南北大战，赵又在后方负运输重责，遂致对方忌嫉，而遭杀身之害。"

1945年第15卷第1期《杂志》署名白虹的在《赵铁桥与招商局》一文中全面回顾了赵铁桥就任招商局总办两年5个月中经历的内忧外患：对内，招商局董事长李国杰自始至终不能合作；外则，先有以虞洽卿、施省之为中心的股东协济会、股东维持会，继有另一部分持有盛氏股票的董康、蒋尊篝、汪有龄等人纷如雪片的攻击呈电、传单，再有汇丰、花旗等外商银行处分押产之议，更为不幸的是接连发生的新华、新济、新康等轮的肇祸，致出现伤亡事件。但重重困难均被赵铁桥逐一解决，化险为夷。特别是1930年2月，因为公司的权属之争，李国杰与赵铁桥涉讼于特区法院，结果赵铁桥胜诉。"弄得李国杰不但无还手之力，连招架之功都不成了，但图穷匕见，赵之死因，即伏于是。"此文更明确指出："赵之被暗杀，李实有重大之指使嫌疑，在当时已成公开之秘密……行凶的当时一行四人，均系专作暗杀买卖有'人屠户'之誉的王亚樵所雇之临时行动员，施狙击后逃逸无踪。以后由市县两公安局觅得线索，卒拿获两人，据供词尚有陈某、尤某两人，无从缉获。"

对于刺杀赵铁桥的原因当时有三种说法：一是政治原因，赵极为忠实于蒋介石，承担起了蒋所有的航运业务，故而衔恨于政敌。二是招商局业务原因：一为招商局内部矛盾激化，董事长李国杰雇凶杀人，但由于李有背景，官方不便透露；二为招商局屡屡出现问题，使得众多财团遭受损失，更因船只撞击而伤及人命，一些受害者暗藏杀机。三是周执章所供，王亚樵创办安徽学会，为筹措经费找到招商局想办法，赵铁桥没有答应，遂起杀心。

对于刺杀赵铁桥的真凶，当时法院判定为夏少恩、王近善。但仍有四处疑点：一是他二人也曾多次翻供，称最初供词实属屈打成招，但法院并未像对待王述樵等四人一样展开进一步调查。二是夏少恩的供述前后矛盾、漏洞百出，尤其称刺赵为某某指使，但指使人到底是谁始终未予披露，对外公布的庭审记录也从未提及李国杰和王亚樵，反倒是随后缉捕的周执章供认是王亚樵指使，嫌疑人王述樵更是王亚樵的胞弟。三是赵夫人的指认也值得商榷，因为赵在招商局内遇刺，赵夫人当时则坐在局外的车内，她不可能看到是谁开枪刺杀了丈夫，当时她向警方描述的"我与亡夫铁桥在车中，见一人上前，腹部隆然，隐如手枪之状，我知系刺客，方欲止夫下车，而夫已下车，致遭非命"，显然也有事后诸葛亮的意味。四是王述樵等三人在特一院羁押长达四年之久，从未开庭审理此案，而1937年4月开庭审理，5月即全部无罪释放。在这四年羁押期间究竟发生了什么，不得而知。

因此，到底是谁刺杀了赵铁桥，刺杀原因是什么，还有待于新资料、新证据的支持。

张嘉璈缘何辞去总裁

民国时期的著名金融家张嘉璈，早年曾在北京《国民公报》和《交通官报》任职，1917年任中国银行副总裁，1935年改任国民政府铁道部部长。抗战胜利后，应蒋介石之邀，于1947年3月出任中央银行总裁，但在一年后却突然辞职。至于他辞职的原因，众说纷纭，颇多猜测，而且此后的许多文章均称他出任总裁半年后辞职。1948年6月海客曾在《中国内幕》发表《张嘉璈下台因果》一文，读者或许从中能够找到答案。

张嘉璈，字公权，江苏宝山人。当年的中国金融界均尊称他为张公权，出任铁道部长后，才开始用张嘉璈之名。这与前考试院长戴传贤，经商时用戴季陶，为官

《中国内幕》中的《张嘉璈下台因果》一文

张嘉璈（右）在天津与市长杜建时（左一）等合影

时用戴传贤，如出一辙。张嘉璈早年留日，曾在国会任秘书，袁世凯解散两院后，乃转入中国银行。在梁启超入阁担任财政总长时，原拟派张君劢（原名张嘉森）为中国银行总裁，但张君劢却说自己只是个书生，不懂金融，不好滥竽充数，遂向梁启超推荐了他的弟弟张公权。正所谓内举不避亲，竟为梁氏全盘接受，指派张公权为中国银行副总裁。这一任命，当时让在中国银行任职已久的王克敏、宋汉章等人大为惊异。但后来张公权在该行曾经大刀阔斧地干了几件出彩的事，让行内行外之人自此刮目相看，不得不暗自佩服，从而奠定了他在金融界南派领袖的地位。他做了这样两件大事：第一件事是不听袁世凯停止纸币兑现的命令，其时北方发生挤兑风潮，上海方面却得以偏安。第二件事是国府定都南京后，他首先将中国银行总管理处迁至上海，于是金融重心整个随之南移，对国民政府的财政给予了有力的支撑。所以，后来上海金融界的一举一动，几乎无不以张公权马首是瞻。

　　1935年，英国财政专家李滋罗斯受聘来华，与全国经济委员会主席宋子文、财政部长孔祥熙，共同商定实行法币政策。先开始收回各实业银行的发行权，指定中央、中国、交通、农民四行负责发行法币（1943年四行专业化后，始改由中央银行单独发行）。中国、交通两行增加官股，于是中国银行改组，废总裁制为董事长制。宋子文趁势轻取了中国银行董事长的宝座，张公权竟被一脚踢出。当时遭受晴天霹雳的张公权内心极其郁闷，但正赶上国民政府首次罗致人才，于是张公权荣任铁道部长。后来铁道部改称交通部，张公权遂远走美国。张公权由商而优则仕，虽为"逼上梁山"之举，但尚属塞翁失马之事，福祸相依。他在未曾步入仕途前，虽执中国金融界之牛耳，但还谈不到什么政治派系。但经过了漫长的宦海沉浮，张公权已被视为政学系的重要台柱。

在民国政治中，兄弟同时显贵的，有陈果夫、陈立夫，还有宋子文、宋子良、宋子安，又有谷正伦、谷正纲、谷正鼎，再就是张君劢、张嘉璈昆仲了。这里特别值得一提的是，张嘉璈另有弱弟张禹九，当时执掌着中国植物油料厂，张禹九的夫人张肖梅又是有名的经济专家，而他们的妹妹徐志摩第一任夫人张幼仪便是上海女子银行的创办人。这一连串的社会关系，足证张氏家族的显赫地位。有一年，张嘉璈父母双寿，梁启超赠联云："看一门群纪，尽杞梓宏才，纯嘏齐眉，到此方知荆布贵；集四海膺滂，为椿萱祝寿，大孝养志，何人不羡绿衣荣"。来宾皆称只有张家才与此联相配。

正所谓树大招风，张嘉璈也是吃了派系的亏。自张嘉璈从美国回来，从东北经济委员会主委被张群拉上中央银行总裁的宝座后，便有人开始抨击张家是豪门资本。1947年因中国植物油料厂的一段港汇公案，张禹九的生意受到连累，从而也牵连到了张嘉璈。后来又有人说江南某大煤矿是张嘉璈开的，致使这位花甲老人连忙辟谣不迭。最露骨的抨击，还是1948年上半年立法委员吴铸人发表的公开谈话："张嘉璈在东北，在中央银行任内，劣迹昭彰，他的太太、妹妹、妹夫、弟弟都在做生意……"虽然这些事并不是促使张嘉璈下台的主因，但也着实让他头疼了良久，知道官场上的风云莫测。

张嘉璈主持中央银行一年有余，计划很多，成功者少，业绩平平。1947年春黄金潮过后，他拿出一宗法宝，即发行1947年美金债券，以期收缩通货，稳定物价，但最终还是被物价飞涨的洪流吞没了。张嘉璈上任伊始，对于宋子文错误的金融政策，如低汇率、低利率等政策，依样画葫芦，遵行无误，结果致使少数特权阶级得到实惠，国家遭受损失，老百姓受到摧残。有些人对张嘉璈本人也是颇多微词，说他将政治和金融混杂不清，野心太大，手伸得太长，连油盐酱醋都要管一管；有人说，他的脑筋太顽固，对人事派系观念太深，更因喜用年轻智囊，以致新花样太多，反而把事情弄糟了。还有人说，张氏确是个优秀的理财家，好用脑筋，也较肯干，其能力远在孔祥熙、宋子文、贝祖诒、俞鸿钧之上。至于他的许多理想不能付诸实现，都是因为时局的原因，正所谓"天亡我，非战之

张嘉璈在中央银行接受记者采访

罪也"。

该文作者评价说，在这一年多的时间里，张嘉璈面对这样混乱的局面，能为政府搏节外汇，促成美援，妥筹军费，可说是已经尽了最大努力，至于老百姓最终得到了多少实惠，已经不是他能够左右的了。

1948年5月21日，行政院长张群顿足拍案，一气之下辞职回重庆看老娘去了。这一事件发生得太过突然，据说张群从南京起飞的一刹那，连警卫机场的宪兵事先都毫无所闻。假若张群能够连任行政院长，张嘉璈或许也不会下台。张嘉璈和张群的政治生涯可谓休戚相关，张群的丢官，当为张嘉璈辞职的主因，何况新立法院的阵容更与政学系形同水火。在这种局面下，即便张嘉璈还能蝉联，自己也会产生独木难支之感，所以不如走为上策。作为张群"配角"的张嘉璈，再也无心恋战，遂于5月17日从上海来到南京，坚请辞职，并且向蒋介石递交了一封长函。蒋总统也曾复函挽留。直待21日下午5时，张嘉璈推荐俞鸿钧继任总裁一职后始获卸任。24日文件正式下达。

从1947年3月2日就职起，到1948年5月24日辞职止，张嘉璈仅做了一年两个月零二十一天的中央银行总裁。这么短的时间内，他备受恭维和谩骂，时扬时抑，命运跌宕起伏。张嘉璈的心里很明白，无论捧他还是骂他的人，绝非普通老百姓，都是幕后推手所为，他只是国民政府政治舞台上任人摆布的一枚棋子。因此，张嘉璈的出山，既为张群而来，他的辞职也是为张群而去。

体育界

"美人鱼"杨秀琼的悲剧人生

她在民国时期第五届全国运动会上囊括女子游泳全部金牌，"美人鱼"称号自此不胫而走；行政院秘书长褚民谊甘做马夫，策马扬鞭，拉着她招摇过市；蒋介石、林森等国民党政要多次接见，宋美龄认她做干女儿；19岁时与号称"北国第一骑师"的陶伯龄结婚，但却未及一年就被迫离婚，做了四川

《妇人画报》封面上的杨秀琼

军阀范绍增的第18房姨太太，最终客死异乡。她就是曾被捧杀、棒杀，时乖运蹇的民国泳坛流星杨秀琼。

杨秀琼出生于1918年，广东东莞县杨屋村人。从小即表现出超常的游泳天赋。为了让她有更好的游泳条件以及参加正规比赛的机会，1928年，父亲杨柱南决定举家迁居香港。1930年10月，在香港举行的全港游泳公开赛中，年仅12岁的杨秀琼脱颖而出，一举夺得

了50米和100米自由泳两块金牌，震动香港。次年夏天，她又参加了横渡港九海峡的游泳比赛，再次技压群芳，蟾宫折桂。1932年获得全港游泳公开赛50米和100米自由泳冠军。

1933年10月10日，中华民国第五届全国运动会在南京中央体育场开幕，年仅15岁的杨秀琼代表香港参加全运会。比赛当日，游泳馆内座无虚席，贵宾席上坐着的是国民政府主席林森，第一夫人宋美龄，行政院秘书长、后来沦为大汉奸的褚民谊等。

发令枪响，杨秀琼箭一般地跃入水中，潜水数米后露出水面，迅速挥动玉臂，小腿有节奏地上下打着水花，身姿优美，宛如丹麦童话中的美人鱼。她不负众望，在全运会上勇夺冠军。长髯齐胸的林森也站起来为杨秀琼的出色表演而长时间鼓掌。各大媒体迅速发布消息，杨秀琼芳名、玉照迅速传遍了大街小巷。容颜靓丽、体态婀娜的杨秀琼遂得"美人鱼"的雅号。在第五届全国运动会上，杨秀琼一人囊括了女子游泳项目全部金牌。观看她比赛的宋美龄十分喜爱，当场认她为干女儿。

比赛结束后，林森主席特意邀请杨秀琼及其家人到其碑亭巷官邸做客。为了表示对杨秀琼的欣赏，林森亲自摆下茶几，为"美人鱼"

第十届远东运动会上的杨秀琼

沏茶，并饶有兴趣地与杨氏姐妹及
其家人合影留念。照片上，林森皓
发如雪，长髯齐胸。杨秀琼明眸皓
齿，红艳如华，一老一少，一红一
白，相映成趣。褚民谊不知从哪里
弄来一辆高级马车，身着太极白
褂，亲手执鞭，甘当马夫，拉着
"美人鱼"姐妹招摇过市。

在众多光环的照耀下，杨秀琼
迅速成为京沪交际场上的风云人
物，各种社交场合都有她的芳容，
竟成为民国时期的一枝交际花。翻
开20世纪30年代的民国画报，都

《新星与体育》中的杨秀琼

会有她的大幅玉照和她在赛场上的风姿，1934年12月的《良友》以
整版刊登了当代十大标准女人的照片，杨秀琼名列其中。当年的社
会各界已经把她捧上了天。

1935年10月10日至22日，第六届全运会在上海江湾体育场举
行。杨秀琼当时社会活动太多，训练时间大为减少，同时她也背负
了太大的社会压力。这届赛会上，她虽然摘取了100米自由泳和100
米仰泳金牌，但50米自由泳决赛中却将冠军拱手让给了广东队刘桂
珍。这让年仅17岁的杨秀琼隐隐感到了一种不祥的征兆。褚民谊请
"算命大师"韦千里为杨秀琼算了一卦，占卜的结果是"后运欠佳，
危若累卵"。

1936年8月，第11届奥运会在德国柏林举行。中国派出了由93
人组成的代表队参加比赛，杨秀琼是唯一一位女子游泳选手。经过
17天的海上颠簸到达柏林后，杨秀琼的体力难以恢复。在女子100
米和400米自由泳比赛中，她虽然拼尽全力，但仍在预赛中即遭淘

汰。中国代表团此行更是空手而归。

一时间，国内新闻报刊的讽刺批评铺天盖地，毫无顾忌地举起了无情的大棒痛击杨秀琼年仅18岁的脆弱心灵。漫画家鲁少飞创作了一幅《捧蛋图》，专门讽刺杨秀琼。画中杨秀琼坐在游泳池边，手捧着一只大鸭蛋，面无表情地发着呆。自此，杨秀琼的人生发生了重大变故。

沉入谷底的杨秀琼于1937年与号称"北国第一骑师"的陶伯龄结婚。孤独无助的她希望婚姻能扭转命运。她与丈夫约定，10年内不要孩子，专注于游泳事业。此后，她一直积极备战七运会。但命运又一次捉弄了她，原定于1937年10月10日举行的第七届全运会，

《天津商报画刊》中第六届全国运动会上的杨秀琼（右一）

因抗日战争的全面爆发而搁浅。

国民政府迁都后，在重庆举行全国游泳比赛。杨秀琼重振雄风，一举夺得女子八项全能冠军，出尽了风头。但她也进入了四川军阀范绍增的视线。范绍增酷爱网球，与孔二小姐过从甚密，遂与宋美龄搭上了关系，认宋美龄为干妈。在这场游泳比赛中，范绍增看上了这条"美人鱼"，非要将其收入自己的网中。在得到蒋介石的认可后，他采用卑鄙的手段，将杨秀琼骗至公馆，逼迫杨秀琼和陶伯龄离婚，强纳杨秀琼为第18房姨太太，并在《重庆日报》头版上以头条刊发大幅消息，宣告"南国美人鱼杨秀琼与川军司令范绍增结婚"，在其一侧刊发一个小标题"陶伯龄与杨秀琼离婚"，在这个消息边上又加印了由两人亲自签署的"离婚书约"。一时间，不明真相的人们议论纷纷，指责杨秀琼水性杨花、爱慕虚荣、另攀高枝。

范绍增将杨秀琼弄到手后，只是做个玩物，毫不珍惜。杨秀琼从此心灰意冷，几近绝望，开始吸食鸦片，终日蓬头垢面，形容枯槁，范绍增遂将其抛弃。此后，杨秀琼曾一度返回香港，不久便移居加拿大温哥华。1982年10月10日，孤独的杨秀琼走完了她悲剧的一生。

"海怪"严仁颖与南开啦啦队

南开中学啦啦队队长严仁颖

他是南开"校父"严范孙的孙子，先是南开学子、张伯苓的学生，后为校长室秘书；他曾是北国话剧的摇篮——南开话剧团的佼佼者，他高超的表演才能深得观众青睐，更因演出《谁的罪恶》而得名"海怪"；为追随体育校长张伯苓，他组织和带领着享誉中原的南开啦啦队走遍全国的各大体育赛场，更因成功地组织了南开啦啦队而蜚声南开校园，后经《大公报》《益世报》等新闻媒体宣传报道，更是声名远播。他就是20世纪二三十年代的南开校园无人不知、无人不晓的严仁颖。

出身名门　多才多艺

在近代中国的学校社团中，南开话剧（早期称新剧）团一骑绝尘，以新鲜活泼的话剧演出名扬津门，并赢得"北国话剧的摇篮"等美誉，在中国话剧史上占有一席之地。这除了创校老校长张伯苓和其弟张彭春分别扮演着南开话剧的创始人和把西方现代写实剧介绍到中国来的第一人等角色外，"海怪"严仁颖等人也是南开话剧的重要创作者和实践者。

严仁颖就读于南开中学时，曾积极参加南开话剧团《争强》的演出活动，并表现出高超的表演才能。1930年，他担任校庆游艺会主席，并独具匠心地进行设计和安排。在多达28项

《玫瑰画报》刊登的严仁颖与李若兰婚礼图文

游艺活动中，《错》《好事多磨》《虚伪》等三个独幕剧最具代表性，演员表演各尽所长，赢得了观众的交口称赞。1931年春天，因演出话剧《谁的罪恶》，严仁颖为自己赢得了"海怪"的称呼。1935年，为赈灾筹款，南开话剧团演出《上寿》《财狂》等剧。在《财狂》一剧中，严仁颖扮演厨子兼马夫。他用喇叭般的嗓子、坛子般的块头、矮矮的个子、滑稽的衣服和装饰，把一个忠厚朴实的仆人演得活灵活现。《大公报》曾以较多版面加以介绍，称赞此次演出为"华北文艺界的盛事"。1937年底，身为校长室秘书的他，还担任了话剧团体

"怒潮社"的辅导和兼职导演。

张伯苓钟爱的南开啦啦队

从20世纪20年代开始，南开学校就自发地组织了一个声势浩大的啦啦队，活跃于全国的各大体育比赛现场。尽管当时啦啦队还不是一个非常正规的学生团体组织，但是"海怪"严仁颖和张伯苓的第四子绰号"陆怪"的张锡祜却是学生们公认的领袖。在严仁颖、张锡祜等人的组织下，南开啦啦队有一手绝活儿，即以人排出"允公允能""南开精神""体育建国""运动第一"等等字样，远远望去颇有气势。他们不但可以随着一声令下，一下子便排出一字，还可以一笔一画写出一个字来，为比赛现场增添不少情趣。

张伯苓十分钟爱这支啦啦队，有时还要亲临指导，甚至加入啦啦队的行列中，一起唱歌，一起排字，一起呼口号。啦啦队常呼的口号有："斯，进，吧，南开，南开，南开！"和"阿拉个庆，阿拉

1934年18届华北运动会上南开啦啦队的排字表演

老画报人物志

个翘，阿拉个庆庆翘翘翘，南开、南开Rua Rua Rua！"他们在现场的加油，振奋运动员的精神，活跃运动场的气氛，也在无形中让南开的"允公"精神走出校园进入社会。

特别是为迎接在津召开的第18届华北运动会，南开大学、南开中学、南开女中三校共同组成了一支由900人组成的大型啦啦队，他们承担着排字、欢迎词、助兴词、唱歌和军乐等5项大会任务。啦啦队从9月初开始，每天午饭后，都要借南开女中礼堂排练，特邀校内外多名专家到场指导。值得一提的是，当时南开中学的男女生是分校上课的，界限严明，而这次男女生混合排练是校长张伯苓破例批准的。排演时，一直关注着南开这支特殊队伍的张伯苓，还曾亲自前往观看和指导，鼓励啦啦队长严仁颖"好好干，要有特色，要有时代感，要给南开争光，要给天津争光"。

华北运动会上名扬全国

1934年第18届华北运动会在天津河北体育场举行，在这次运动会上，近900人组成的南开啦啦队表现出强烈的抗日爱国热情，深深地感染了3万余观众，强烈地震撼着天津人民的心灵。当时体育场主席台对面的看台有十几层座位，啦啦队的排字组占据了其中的13层，每层12人，后面是气势恢宏的军乐队，两侧各有三排啦啦队队员。队长严仁颖左手拿着喇叭筒，右手举着三角旗，排字组队员每人一面布质排字旗，正面紫色，背面白色。入场式开始后，随着运动员陆续进场，排字组在严仁颖的指挥下，迅速组成"毋忘国耻"四个大字。被南开学生大胆爱国行为而震惊的3万多名观众先是一愣，片刻的宁静后便是狂风骤雨般的掌声。掌声未息，严仁颖的旗语一变，排字组又先后排出了"毋忘东北""收复失地""还我河山"三组字，同时伴以震耳欲聋的呼喊声和以天津方言唱出的大合唱。他们唱道："十月十日天气寒哪，河北省的哥们儿玩得欢哪，天冷不

南开啦啦队排字"毋忘国耻"

怕心里暖哪，喘着气、出着汗，光着膀子拼命干哪，嗯哪呼嘿！河北省的哥们儿黄金也不换哪，哪呼嘿！"更有鼓动性的是："十八届华北运动会，开在河北天津卫。众英豪精神焕发，时时不忘山河碎。北方健儿齐努力，收复失地靠自己。待等东北光复日，中华民族万万岁！"

见到如此激动人心的场面，观众们的情绪立刻高涨起来，纷纷起立为他们鼓掌高喊着爱国口号，有的人甚至淌着热泪。这场爱国运动发人猛省，已远远超出了为运动会助兴的意义。这时，应邀参加运动会的"上宾"——日本驻津总领事恼羞成怒，愤而退席，并立即向天津交涉司提出"严正抗议"。次日，日本驻华大使也向南京外交部提出"抗议"。南京政府遂令张伯苓严格约束学生的"轨外行动"。于是，张伯苓将严仁颖叫到了自己的办公室。第一句话是"你们讨厌"！第二句话是"你们讨厌得好"！第三句是"下次还要那么讨厌"！

第二天，《益世报》对此事做了非常翔实的报道，《大公报》刊登了特写文章，将排字现场用照相机记录下来，而汉奸报纸《庸报》则恶意攻击严仁颖"竟在排字中大用别字，可谓不学无术，为家门丢脸"。但据知情人讲，一是"毋"与"勿"同音同义；一是从排字效果上看，"毋"的效果要比"勿"更为醒目、美观。严仁颖则说："这不是中国人，不惮他！"

南开啦啦队在华北运动会上的抗日举动，之所以在当年有如此大的轰动效应，震惊了天津、华北乃至全中国，主要是因为他们排的字表达了全国人民的共同心愿，他们唱的歌唱出了全国人民的共同心声，他们唤醒民众的义举吓坏了日本侵略者！

英年早逝　客死他乡

天津解放前夕，严仁颖前往美国与家人团聚。在老校友孟治主办的华美协进会工作，兼而撰写新闻稿件，出演话剧、电视剧的一些小角色。为了生计，他生活得很累，特别是长子、次子相继去世后，客居异乡的严仁颖更加思念故土。周恩来总理了解到他的情况后，曾对国内的严仁曾先生说："叫老十（严仁颖是严范孙的大排行第10个孙子）回来吧！运动会啦啦队排字是他的首创，回来搞体育、搞话剧、搞新闻都好！"可是，当这话传至美国时，严仁颖先生却因患脑溢血已于1953年8月9日病逝了，时年仅40岁。

网球名将许承基之死

　　许承基是民国时期的网球名将，原籍福建，出生于印度尼西亚中部巴达维亚苏哈腊茄村。16岁时即获印尼中部单打冠军。1937年参加英国温布尔登草地网球公开赛，在128名选手中打进前32名；1938年以8名种子选手之一的身份参加该年度温布尔登赛，打入前16名；1938年至1939年，连续两年获得全英硬地网球赛冠军；1937年至1939年，连续3年夺得英国伯明翰杯网球赛冠军，并永远地保留了该杯。1936年后，他大部分时间留在英国伦敦，1947年1月31日，因患肺炎而病逝伦敦，时年

《一四七画报》刊登的《网球国手许承基之死》一文

仅35岁。同年2月27日的《一四七画报》刊登了《网球国手许承基之死》一文，详细记录了他在英国的生活状况和他生命的最后时刻。文章并未署名，但从文章内容来看，作者应该是许承基在英国的一位华人朋友。

许承基家在印尼爪哇，他原本没有来英国的打算，那时正值戴维斯杯国际网球赛，叶公超在英国组织了一个委员会，电请许承基来英。来英后，许承基天天在派丁顿俱乐部练球，不烟不酒，连辣椒等刺激性食物也不尝，一心为着网球。

这期间，在英国温布尔登，他曾代表中国参加双打。在比利时戴维斯杯赛时，他参加双打和单打，也是代表中国。中国至第二轮时虽被淘汰，但他个人的单打却从无败绩。

许承基曾经结过婚，妻子是一位荷兰小姐（一说是英国网球手），来英前刚刚离婚。他曾对我说过，不愿再娶外国人了，"外国人做做朋友还行，妻子还是中国人的好"。自第一次见面起，他一直要我代他介绍一位中国小姐。我也似乎因此一直以媒人自任。

戴维斯杯赛后，其他中国选手纷纷回国，但他却迟迟未归。后来与他见面时才知道，他是应瑞典国王之邀，去瑞典和国王打球去了。瑞典国王时年已88岁，嗜球如命，常爱选许承基做他的双打搭档。而许承基却说："每逢他颤巍巍地去接球，我真为他担心，唯恐他失足后一病不起，我总抢着去接。"他在瑞典王宫做客两周后，才告别了这位年迈国君回英——这也是他们平生最后的一次见面。

中国网球选手此次来英参赛，中国官方只支付了5名运动员的四分之一路费，其余由华侨募捐委员会赞助。戴维斯杯赛后，许承基独留伦敦，依然独自出入于派丁顿俱乐部。当时委员会基金已尽，对他已无任何津贴。没有了收入的许承基就等于坐吃山空，他曾要求我为他找个工作，"哪怕是半天，哪怕是与他全不相称的会计也可以啊!"但找工作谈何容易啊!找不到工作,他只有继续花他自己的钱,练他自己的球,准备来年在国际赛中为自己的国家争光。他曾计划回国后,自广州打到北平,看一看胜利后的祖国。这次会面,他重又提起要我介绍一个中国小姐,我重又允诺了。

最后一次见他是我独自在溜大街,他在后面大声叫我。我那时已久未见他,还以为他早已离英回国了。这次的偶遇,让我既奇怪又喜悦。对他这个不炫耀自己球艺、不骄傲自己成功的网球名手,我有一种无尽的亲切之感。见面后不免谈起了英国的天气和饮食。他说,英国天气虽坏,但还是喜欢住在英国。法国花天酒地,却只能去玩玩。大概也因为他自己是个忠厚老成的人,因此,他也热爱更为简朴的英国。但他也抱怨近期饮食上的营养不足,每天的几片肉,每天那么大的活动量,哪能支撑得住啊!他非常感谢在英国开了一家名叫FAVA小饭馆的中国老板,这个老板一直代替中国照顾着这位球手,常常供应他牛排、猪排。

许承基脸色黝黑,微微地有点驼背,不善交际,不善谈话,但却蔼然可亲。英国的球迷尤其是那些从新加坡回来的英国人都很喜欢他。温布尔登赛时,有些英国人特地赶来看他的比赛。

1947年冬天,伦敦冰天雪地,寒冷异常,是近30多年来所未有的,加之煤荒、电弱,室内的煤火奄奄一息,整个伦敦简直成了冰窖。就在这"室中无火,桌上无肉"的日子里,来自热带的网球名手许承基,因不适应这半寒带的生活,伤了风,患上感冒。次日又有人请他吃晚饭,迎着冰天雪地出门后,重受风寒,归来后病情加重,迅速转为肺炎,高烧不退,凌晨2时叫来救护车送往医院,竟在途中死于车上!

他的遗体就停在教堂,等待他家中回电如何处置。他往日的球伴都不在侧,英国更无一个亲人,葬礼由中国驻英国领事馆负责。我接到他的死讯时,同时接到了一份世界运动会筹备委员会的准备计划。世界运动会明年7月在伦敦温布尔登召开。想到去年的网球选手均会报名出席，说不定他担心"失足后一病不起"的年迈国王都会赶来，但许承基却再也不能参加了，我不禁潸然泪下。

我把许承基的死讯告诉了几个英国朋友，他们同声叹息，甚至认为如果他当初答应了荷兰政府之请而不来英国，说不定在荷兰会被照顾备至，更不会有今天这个悲惨的结局了。他们小声地发表着各自的议论，"连一只热带的动物在荷兰都会得到良好的照顾，何况是人，何况是人才！""许承基只懂打球，他也以球报国。他对你们国家的贡献也许你们自己都不知道。你们与东亚病夫同名，许承基却告诉了世界，中国人也会打球！"

我无言以对，只有沉默。那时在场的只有我一个中国人，这一切对中国官方的谴责似乎都是针对我的。其实我还有另外一份负疚，我没有兑现为他介绍一个中国女友的诺言。他冥冥中也许会原谅我，因为我只答应他回国后帮他介绍，他却一直未回。但他寂寞、孤独地死去，无人照顾，无人过问，无人给他一个哪怕是半天的工作。九泉之下的他是否能够宽恕漠视他的那些人呢？

据资料记载，许承基英年早逝的消息传至国内，国人无不感到惋惜和悲痛。球王李惠堂认为，他是"世界网球陨一彗星，我国体坛折一栋梁"。中华全国体协香港分会发起募集1万元的许氏基金，并从中拨出1000元制作许氏纪念杯，作为全运会网球赛的纪念品。在许承基安葬后的第三天，上海各界举行追悼大会，时任国际奥委会中国委员的董守义等体育界名流出席。会后结集出版了《纪念中国最伟大的网球家——许承基》一书。

"新美人鱼"黄婉贞

1948年5月，风雨飘摇的国民党政府为粉饰太平，在上海举办了第七届全运会，参赛运动员2677人（华侨358人）。大会开幕式仿效奥运会搞了火炬接力跑。5月2日下午，运动员手擎火炬，肩负"蒋总统对大会训词"，从南京总统府出发，沿沪宁公路南下，5月5日下午抵达上海江湾体育场。此届全运会成绩不甚理想，仅打破全国纪录10余项，且多系香港、台湾及华侨运动员所为。

第七届全国运动会画刊

首次参赛全运会的台湾队一鸣惊人，获得男子田径赛全能桂冠、男子垒球冠军等多项好成绩，香港的女子游泳运动员黄婉贞、黄婉笙姊妹则成为了运动会的最大亮点。实力雄厚的《申报》专门出版了《第七届全国运动会画刊》，对赛会的场馆建设，开幕、闭幕实况，

《中国内幕》刊载的《"新美人鱼"黄婉贞》一文

运动员、裁判员人数，比赛盛况，赛场花絮等都做了详细报道。1948年5月20日《中国内幕》刊载了杨柳撰写的《"新美人鱼"黄婉贞》一文，记录了游泳运动员黄婉贞连破50米、100米全国纪录的精彩瞬间。

七届全运会接近尾声时，虽然上海连日阴雨绵绵，但游泳赛场上却是异彩纷呈。游泳比赛尚未开始，上海江湾体育场的游泳池的大门外已是戒备森严，但高高竖起的铁丝网未能阻挡场馆外人山人海的观众。大家都是为了一睹"新美人鱼"黄婉贞的表演，有的观众不惜以40万元购黑市门票入场。观众中不乏社会政要和各界名流，司法院院长居正策杖观阵，上海市市长吴国桢携子前往，更是引人注目。黄婉贞果然不负众望，在50米、100米自由式游泳中连破全国纪录！

也许是历史和地理的优越条件，使黄婉贞小姐有了今日的成绩。她生在香港，长在香港，父亲是香港著名牙科医生黄锡滔，家中共有姐妹四人，黄婉贞是老大，时年仅18岁。与她一起参加此届全运会的妹妹黄婉笙，年仅14岁。她的家庭富足，从小过着舒适而西化的生活，讲得一口流利的英语。她们姐妹俩都在香港圣斯蒂芬学校读书。黄家一家子都喜欢游泳，父亲黄锡滔当年曾是游泳健将。黄婉贞可以说是有着"家学渊源"。此次来沪参加全运会，姐妹俩都住在亲戚家里。比赛全程还有三个广东姑娘为她们服务，在游泳池边，黄家姐妹走到哪里，即可看到这些拖着大辫子的姑娘寸步不离地紧随其后。这一幕不禁让人想起《红楼梦》中的薛宝钗和她身后前呼后拥的丫鬟们。从中也能看出，黄婉贞姐妹出身环境的优越。

比赛将要开始，黄婉贞在人群中一出现，便引起观众的一阵骚动。只见她头戴红色橄榄帽，肩上披着白色毛巾，充分显示出一种特有的诱惑感。有人说，如果进行观众投票，她肯定能当选"全运之花"！不过，她的身躯略显清瘦，没有当年"美人鱼"杨秀琼那么健壮结实。但她的姿势非常优美，动作娴熟而轻盈，随着她的两腿的踢拍合度，身后银浪翻滚，活像一条开足马力的小汽船，观众誉之为"水上楼文敖"（楼文敖时为全国1000米长跑冠军）。看到黄婉贞的游泳，很自然地使人联想起《出水芙蓉》的电影片。这位娇生惯养的小姐，风头极健，也许是女人比男人好胜的心理更大，黄婉贞对于摄影记者的拍照最为欢迎，做出各种美妙姿势让记者拍个够。

在50米自由式预赛时，黄婉贞牛刀小试，即以36秒3的成绩荣获第一。决赛时，她再接再厉，更以35秒9打破了杨秀琼保持的36秒全国纪录。据她说，因为那天稍冷，池水温度仅保持着66度，对女孩子来说略有些凉，同时，入水的速度也慢了两秒钟，以致成绩反比平时练习时稍差。说到此，她不胜遗憾地摇了摇头。她的母亲何佳侣，此次也随爱女远征而来，并且是香港女子游泳队的领队。当她的女儿在50米自由式比赛中获得冠军时，这位妈妈异常开心，连忙跑出去拍电报给身在香港的丈夫，报告这一喜讯。香港男子游泳领队潘永楷凑趣地说："今晚黄太太该加菜请客了！"黄太太笑得合不上嘴，两手抱着她的女儿，只是一个劲儿地点头，激动得连话也说不出来了。

5月13日是全运会游泳赛的第二天，天气放晴，水温上升到70度，适宜水上大战。黄婉贞果然不负众望，在上午100米自由式比赛中，以1分22秒9的成绩，打破了杨秀琼保持的1分23秒全国纪录。下午更是一鼓作气，以1分20秒6的优异成绩，再次刷新全国纪录。

　　更为可喜的是，在200米俯泳决赛中，她的妹妹黄婉笙也获得冠军！这对姐妹花，羡煞观众，成为赛会的焦点！相形之下，当年的"美人鱼"杨秀琼，不免大为减色。人们在感叹长江后浪推前浪、一代新人换旧人的同时，更打趣地说，杨秀琼姐妹曾被当年行政院的秘书长褚民谊亲自赶过马车，抗战胜利后，汉奸褚民谊被枪决后，黄氏姐妹也就没有机会再出这个风头了。

　　由于黄婉贞连创全国纪录，完全取代了杨秀琼的风采，遂在这届赛会上赢得"新美人鱼"的头衔。很多人对于她的前途更寄予无限的希望。当有记者问她今后的目标和打算时，黄婉贞说，经此次初露锋芒后，更加增强了信心、鼓足了勇气。在全运会结束之后，即偕妈妈和妹妹返回香港，决心加紧练习，准备能有机会，出席下届世界运动会，在伦敦奥林匹克大会上，会一会国际的巾帼英雄。但她转而又用谦虚的口吻表示，即使有幸能够参加奥运会，恐怕连参加预赛权都不好取得啊！她手中擎着一本全运会的纪念特刊，检视女子游泳的世界纪录，不禁为之哑然，她发急地喊着说："这如何能追得上呢？"还是做妈妈的知道怎样体贴自己的女儿，

黄婉贞

连忙用安慰的口吻说："只要努力，没有不成功的。"此情此景，使记者不禁又想起，杨秀琼因有大力支持者，得有参加柏林奥运会的机会，在开往柏林的轮船上演绎出许多浪漫故事。及至到了柏林，她竟连一显身手的资格都没有了。

记者听说国民政府已经决定将以3万美元作为将来出席奥运会选手的经费。希望像黄婉贞这样的参赛选手们，吸取教训，将杨秀琼当成一个极好的鉴镜。不要让国家虚掷外汇，再吃一个"鸭蛋"回来。

1948年7月，第14届奥运会在英国伦敦如期举行，中国派出了33名男运动员参加了篮球、足球、田径、游泳和自行车共5个项目的比赛，黄婉贞没有在代表团名单之列。按照预算，中国代表团此行需要15万美元，但当时的国民经济正处在崩溃的边缘，政府只给了2.5万美元，因此，有的运动队只得靠一路上打比赛筹集资金。最终中国代表团无一人获得奖牌，中国在奥运会上没能实现零的突破。

长跑怪杰楼文敖

1948年5月20日《中国内幕》中的《长跑怪杰楼文敖》一文

他出身贫寒，自幼残疾，却身残志坚，十数年练习长跑；他多次打破10000米全国纪录，在1948年第七届全运会中，一人独得5000米、10000米两项冠军；在第14届伦敦奥运会上，他代表中国参赛，是赛会中唯一一位残疾人。他就是有"中国田径第一人"之称的宁波镇海人楼文敖。1948年5月20日《中国内幕》中《长跑怪杰楼文敖》一文，记述了楼文敖的成名之路。

楼文敖，浙江镇海贵驷沙河头楼家人，家境清寒。父亲是个鱼行伙计。民国初期，阖家迁至上海愚园路某里街的一间汽车间里，房屋窄小、昏暗、凌乱、污糟，终年见不到阳光。楼文敖弟兄四人，老大在街口开了一个纸烟杂货铺，挑着全家的生活担子。楼文敖排行老二。三岁时因患伤寒，一连数日高烧不退，神志昏迷。一天半夜，他突然怪叫一声，之后便听不清、说不明了。大家都以为他是完全的聋哑人，事实上，他的左耳尚有一些听觉，平素也能叫爸喊妈，会一些简单的对话。他父亲也曾送他进聋哑学校，但因该校以数学类课程为主，性情耿介的楼文敖根本不感兴趣，一上课就烦躁不安，一赌气逃了出来，死也不肯再学。正当所有人都认为楼文敖的人生前途就这样断送了的时候，他却从困境中挣脱，寻找到了最适合自己的长跑之路。

楼文敖从19岁开始从事田径运动，最初只是毫无目的地跟着兄弟们随便在公园里锻炼身体。几个兄弟都喜欢踢足球，他却不感兴趣，独自一个人在一旁翻杠子，练臂力。几年后，他上身的肌肉既发达又结实。后来，他的兴趣逐渐转移到了长跑上来，附近的街坊、朋友与他较量，无人能与之匹敌。1942年，楼文敖第一次参加的比赛是上海市15000米的越野赛。报名前，伙伴们都劝他说："人家都是专业的，你又何必多此一举？"因为大家都知道参加那场比赛的有王正林、万金生等一批径坛宿将。但楼文敖却是初生牛犊不畏虎，不但勇敢地报了名，而且还奋力拼搏夺得了第四名！赛后他表示："由于自己比赛中只穿了普通的球鞋，而且中途还不慎绕错了方向，以致影响最后的成绩，否则与冠军瘦猴王火还是有一拼的。"从此，楼文敖犹如一块被挖掘出的璞玉，一经打磨，光芒四射，奠定了他在中国田径界的地位。

首秀成功的楼文敖信心益坚，日常训练越发努力刻苦。他不问严冬酷暑，不避狂风暴雨，每日一大早就到兆丰公园训练几小时。就这样，空间和时间的距离逐渐在楼文敖的脚下缩短，他的成绩直线上升，1946年前已经接近第六届全运会的纪录。到了1947年秋上海市运动会时，他在万米比赛中以32分38秒的成绩，不但打破了孙澈34分1秒的全国纪录，同时也打破了远东运动会上日本运动员工滕保持的32分42秒的最高纪录。此后更是捷报频传，在福建莆田队征沪竞赛时，他又以31分56秒刷新了自己的纪录；后随莆田队赴京参加表演时，更以31分27秒的优异成绩震惊了中国体育界。因为这个成绩已与上届奥运会波兰选手古索辛斯基保持的最高纪录30分12秒相差无几。

楼文敖展露锋芒，可算民国时期中国体育界的一个奇迹。但他严格地说并不具备赛跑天赋，相反，在业内人士看来，他根本不够标准：一是他从不穿钉鞋，二是他跑步的姿态呈八字形，对他的成绩都有影响。但在这种没有专业训练、没有专业技术的情况下，楼文敖却能不断刷新成绩，后来再没有人敢去纠正他那早已习惯了的跑步姿态，因为深恐在刻意矫正之下，反而会影响他的成绩。

有人总结楼文敖的成功经验时认为，他的聋哑该是一个最大因素，因为不善讲和不善听，使他在练习时和竞赛时，能够专心致志、镇静非凡、从容不迫。1948年3月，楼文敖赴美国加州参赛，在三星期内连得10英里、10000米和5000米三项冠军，扬威异邦，誉满国际。在万米赛前，他居然还能舒足酣睡，这种本领是其他运动员无法做到的。楼文敖天资聪颖，对各种机器颇有研究，他会修理汽车、脚踏车，还会驾驶。他曾独自驾车上路，在上海从愚园路到爱文义路、南京路等闹市区，都能驾驶自如。在江湾路上，他开足油门到了60码，仍然笃定悠闲。

在楼文敖即将作为中国奥运选手参加第14届奥运会时，记者采访了他。谈到今后的打算时，楼文敖表示不愿将长跑作为终生的职业，很希望参加奥运会回来后，能够开一家自己的商店，过上安定平稳的生活，还想找个媳妇儿成家立业。记者问他有没有心仪之人，他笑着摇摇头，脸上浮现出极难为情的样子。

1948年7月31日在伦敦奥运会上，楼文敖第一次穿上钉鞋跑

10000米。遗憾的是，在比赛中由于一颗鞋钉穿破鞋底，他的脚底磨起血泡并且破裂，影响了他的成绩，仅列第17名；次日的5000米比赛名列第7名；在8月8日的马拉松比赛中意外地在跑道上晕倒。虽然长跑怪杰的奥运之旅仅获得一枚10000米的纪念章，但楼文敖的名字却永远载入了中国乃至世界体育的史册。

飞行家孙桐岗的天津之行

  1933年6月26日至7月20日，德国国家民航学校毕业的孙桐岗，驾驶自费购买的"航空救国"号飞机，横贯欧亚大陆15个国家，历经艰难险阻，克服种种困难，从德国飞回中国，飞行135小时，航程14450公里，打破了美国人林白单机自纽约直飞巴黎航程5760公里的世界纪录，成为单机飞越欧亚两洲的第一人。回国后，孙桐岗受到社会各界热烈欢迎，国民政府主席林森赠匾"壮志凌霄"，蒋介石接见并盛情款待了他。同年9月，他与王祖文驾机又进行了一次全国飞行。从8月初至10月底，《大公报》《益世报》等报刊连续报道了此次全国飞行，《天津商报画刊》以图文的形式记录了孙桐岗抵达天津时的场景。

  1933年8月初，孙桐岗返回山东家乡。稍作休整后，他便从济南出发，在上海、杭州、安庆、汉口、郑州、西安、太原、石家庄、北平、天津等地，进行了一次全国飞行。时值日军侵占东三省和热河，国难当头，国人正在寻求一条救国之路。孙桐岗驾驶"航空救国"飞机，一路驾驶一路宣传航空救国，民众的爱国热情一唤而起，仿佛一下子找到了御敌的妙招，各地捐资购置飞机20余架。孙桐岗所到之处，无不受到英雄般的欢迎。《天津商报画刊》中的《林德柏（今译为林白）与孙桐岗》一文这样写道："林德柏是美国人最欢迎

壮志凌霄

桐崗先生紀念 民國二十二年秋 林森題

救國

○孫桐崗氏赴飛前留影○

北平美術學校崔輯五精作山水

○詩人聯袂到民廬

○歡迎孫桐崗之藝術家

□水竹村人離津之謠傳？

○倩女唐少梅影

□春和大戲院

麒麟童

雪豔琴

大戲預告

王蘭芳　趙化南

□明星大戲院

日夜大戲

戲曲學校

先已售票　今晚夏季遊藝大會

1933年8月15日《天津商报画刊》中孙桐岗与其父的合影和《欢迎孙桐岗之艺术家》一文

的人，孙桐岗是中国人最欢迎的人。所以，有人称孙桐岗为中国的林德柏，并非溢誉。林德柏和孙桐岗，不仅是美国和中国两国人最欢迎的人，而且是全世界各国人都敬重的人。故林、孙飞行所至，各地官民都加敬礼。像他们这两位才算是现代最露脸的英雄，最值得人们羡慕的了。吾友近作一诗，有'交友应如林德柏，生子当如孙桐岗'之句。想读者都有同感罢。"

8月3日，天津市党部特致电济南，请孙桐岗来津表演飞行绝技："济南山东省政府速转孙桐岗同志惠鉴：前上世电，计达台览，顷阅报载，本日返济，欣忭无量。同志横越欧亚，为国增光。值兹航空发轫，有斯壮举，影响所及，殊非浅鲜。尚祈命驾来津表演绝技，一扩眼界。本会谨代表枥津人士，深致欢忱也。不一。天津市常务整理委员会叩"。后经回电，10月27日下午3时半，孙桐岗与其同学王祖文驾机将从北平飞抵天津，降落于东局子机场。

10月27日下午2时许，通往机场的道路两侧已是人头攒动，争睹飞行家的风采。2时50分，机场之上已聚集各界男女千余人，平素冷僻之处顿呈热闹。机场四周由各校童子军和公安局保安队维持。政府代表有市政府科长都本仁、韩敏夫，河北省府秘书陈辅楼，市党部执委童耀华、钱家栋等。省政府为示隆重，特命军乐队前往助兴。3时27分，遥见西北方向白云间，隐约出现机体，未逾两分钟，"救国"号飞机即翱翔于机场上空。欢迎人群摇旗脱帽，向空中欢呼，军乐大奏。孙桐岗于机上举手敬礼，散放红绿彩纸，飞机做低空飞行，绕场三周，徐徐降落。津沽交际花俞大杰、刘玉玲各捧鲜花急趋向前，孙、王二人从机舱内一跃而下。时众人蜂拥而上，冲越保安警察、童子军防线，一睹二人庐山真面目。一些外侨也不甘示弱，凑上去与他二人攀谈，孙桐岗应接不暇，一时不知与谁作答。就在这时，童耀华挺身而出，分开人群。孙桐岗纵身一跃，立于机翼之上即兴演讲：兄弟今天驾驶一架破旧飞机来到天津，蒙诸位这般热烈欢迎，实为惭愧。自从去年以来，诸位所看到的皆为日本的飞机，投掷炸弹的日本飞机。今天居然看到了自己的飞机，不是来掷炸弹的，是来做宣传航空建设运动的，自然非常高兴。我们要用行动告诉大家，飞机是守时的、安全的东西，不是危险的东西。这架飞机经过开封、郑州、彰德、北平等处，没有一处不是按照预定时刻而到，从未误过半分钟。演讲结束后，即由童耀华等各机关代表陪同乘坐汽车抵达法租界六国饭店一楼5964号房休息。

27日下午4时，天津市党部假国民饭店召开欢迎大会。因参加者均需持有请柬，故总数不过百人。公安局局长宁向南、钱业领袖王晓岩、开滦矿务局张冠五、西湖饭店主人雍剑秋等坐于正中座位。4时45分，孙桐岗、王祖文及党部整理委员会委员邵华、《庸报》经理蒋光堂、国民饭店董事长潘子欣等同莅。首由邵华起立致辞称，在举国提倡航空救国之际，各地均有购买飞机运动，而我天津独无。现拟乘此机会，即行筹备购买"天津"号飞机，作为纪念，以资救国。在众人的掌声中，孙桐岗操着山东乡音开始演讲，语气沉着而有力，极富感染力。尤其讲至各国防空情形及中国未来之危机，声容激昂，听者动容。就连国民饭店的侍役，立于四隅旁听，亦皆目瞪口呆。最后邵华提议成立"天津"号飞机筹备委员会，获得一致通过，以在座全体人员为发起人，推定卞白眉、张品题、赵聘卿、雍剑秋、张伯苓、王韬等25人组成筹备委员会。6时会散后，孙、王赴特一区西湖饭店出席市党部、市政府的欢迎宴会。

1933年10月26日《天津商报画刊》中的孙桐岗

28日上午10时，在市党部大礼堂召集各团体召开欢迎大会，各机关、团体、工厂代表700余人参加，会场内遍贴"有飞机大炮，才有公理正义"的标语。会上，首由市党部献赠孙桐岗、王祖文纪念旗各一面，旗面蓝软缎制，上绣"航空救国"四字，边缘缀以绵穗。主席童耀华致开幕辞称，孙先生甫自德国凭虚御风，驾机归来，复做航行全国之壮举，其意旨在使航空救国之重要性深切地打入四万万同胞之心坎，此种精神至足景仰。盖过去国防失败，所受航空落后之影响独巨，不啻一大教训。孙、王两先生昨于茶会席间曾沉痛述及，殷殷以培养人才，制造飞机为发展航空事业之步骤，吾人应追随孙、王二先生之后，致力于此，以航空为方法，以救国为己任，庶不背今日开会之意义。

孙桐岗演讲称，此次与祖文驾机试飞全国，倘在欧美则为极普遍之风气，今受国人热烈欢迎，实觉愧怍。论者以为国人近年遭遇敌人飞机之威胁，窒闷已极。现在情绪之喜烈，心理使然。但吾人应利用此可贵的心理，从事实际工作，其法惟何，即航空救国！吾中华民族，国家疆域大于人，人口众于人，而国防不修，门户大开，宜乎四省土地坐观沦陷，繁荣都市任人蹂躏，言之令人痛心。第一次世界大战以降，列强在国防上所得之认识，即从平面而改为立体，竞争于空军之补充，不遗余力。意大利现有飞机3000架，犹以为不足，墨索里尼曾发表豪语曰："十年后意大利飞行队可遮蔽天空阳光。"关心国际时局之人，咸惴惴于1936年为第二次世界大战爆发之前夕。而国内军备慵慵无所成就，自卫不可，胡以对人？情势若斯，宁不可悲！所幸国人顷已有彻底之觉悟，对于航空事业提倡甚力，捐购飞机，各地相效成风。桐岗与祖文来津之日，此间各界复有"天津"号飞机筹备委员会之组织，实为慰快。今后提倡航空事业，桐岗主张应从两步做起，一为训练人才，一为制造飞机。唯能自助始能存在，外人断不足恃。深祈诸公毋欢迎孙桐岗、王祖文个人，而在航空救国之目标下一致努力，则本日大会之兴味方觉深长。

下午4时，孙、王赴南开大学演讲。29日上午10时，市中等以上学校联合会仍假市党部礼堂，邀请孙、王演讲。下午3时赴基督教青年会演讲，各界民众参加。30日下午3时离津飞济，起飞前于东局子机场做航空技术表演。

然而，就在举国上下对孙桐岗一片赞扬之声，全国

1933年10月31日《天津商报画刊》中《迎孙席上琐记》一文

航空救国热日甚一日时，《天津商报画刊》中《病态的中国航空》却发出了质疑，虽然言辞中不免有过激之语，但其意在于让过热的航空救国运动冷静下来。

没有空军的国家，就像没屋顶的房子，空军的重要当然已成无疑义的事情。中国空军刚处在萌芽的发展时期，但是很不幸，这初生的孩子已日渐趋于病态。这里让我们引些最近的事实来检讨一下。

谁都知道，最近在中国航空界最出风头的是孙桐岗少爷，孙少

爷驾着架小飞机，从德国分站地飞来中国，顿时让中国多了一个偶像。孙少爷在谒见了要人后，又想到"全国飞行"，以扩大出风头的方法。虽然他打着"航空救国"的幌子，自负为宣传航空救国重要的忠徒，但是我们所看到的是什么？各处的人实在欢迎孙少爷，孙少爷本身也是极力替自己造出风头的机会。酬酢交往，坐汽车，伴女人，俨然当老爷、大官僚。总起来说，孙先生用堂皇正大的动机，在这种方式下，宣传航空，那我们敢不客气地说，中国的航空一万年后也不会因孙先生的一宣而发生进步！

据11月2日各报电讯，杭州的中央航空学校，在七星期内摔坏的飞机达十架之多。这大的损失数额，在我们只有二三百架飞机的中国，当然使人惊讶，以致那天的《大公报》，对于这新闻的标题，竟用《航空学校之成绩》，隐示着对航校的不满。我们不完全赞同《大公报》的标题，因为我们以为训练航空人才，就别专怜惜飞机。反之要怜惜飞机，

1933年11月4日《孙桐岗走了以后》和孙桐岗与王祖文合影

根本便不必训练空军。因为空军的高能人才，是需要相当的飞机作代价的。不过这里，不得不使我们怀疑到航空学校的组织不善，是飞机损失额过高之一因。据可靠的消息报道，航空学校全校学员不过 200 名，而学校的教职员却已超过了 200 人，这不能不说是个笑话。

民生百态

奇葩婚礼各不同

　　图文报道结婚仪式是民国画报的一项重要内容，这些婚礼的男主角多为社会各界名流，女主角多为名闺名媛，有盛大隆重的，有简约质朴的，更有一些让人忍俊不禁的奇葩婚礼。

　　1927年12月4日《星期画报》第110期，报道了时任南开大学国文教师的杨鸿烈（字宪武）与万家淑女士的结婚庆典。11月13

1927年12月4日《星期画刊》图文报道了张伯苓、梁启超为南开大学老师杨鸿烈证婚的消息

日，仪式在南开女子中学礼堂静思堂举行，该校举行婚礼尚属第一次。杨鸿烈，云南晋宁人，早年毕业于北京师范大学外文系，后入清华大学国学研究院，师从梁启超、王国维，1927年经梁启超介绍就职于南开大学。万家淑，字孟婉，湖北人，为女界名流。婚礼的证婚人分别为重量级人物梁启超和张伯苓，司仪刘柏年，傧相有李良庆、黄肇年、孙增敏、郑汝铨和指导员凌冰夫人。仪式上有两事甚趣，一是新郎忘携婚书，二是新娘忘戴结婚戒指。只得临时各自派人驱车去取，可算中国婚史上破天荒的妙闻了。

1934年5月26日《天津商报画刊》中的《新娘权当押品》一文，记录了新婚典礼后新娘的不幸遭遇。时在上海法租界爱多亚路郑家木桥大方饭店举行了一场婚礼，新娘温柔美丽，新郎英俊潇洒，宾朋咸来，贺客盈门，仪式后，来宾觥筹交错，推杯换盏，盛极一时。岂料，酒足饭饱，礼成人散后，新郎家与饭店结账时，才发现所带现款不足结账，意欲临时拆借，却是人去屋空，新郎家当时手中更无物可押。饭店为生意计，不肯轻率放人，经理称如欠款不能付清，须将新娘扣留以作质押。新郎无法，只得将新娘留住店内，出外筹款。及至第二天近午，新郎付款后方才领回了新娘。可怜的新娘在新婚之夜没有在洞房花烛中陪伴新郎春宵一刻，却是在凄风苦雨中阴冷小屋内独自一人和衣而坐，挨到天明。这也算是当时人们街谈巷议的一大趣闻了。

1934年10月9日《北洋画报》中《谭郑婚礼》一文，介绍的是《北洋画报》社长谭北林与郑慧瑚女士的结婚仪式。婚礼于10月6日晚7时在国民饭店举行，因谭北林善交友，故当晚来宾多达上百人，济济一堂，盛极一时。谭北林因日常公私任务繁忙，事先根本没有时间筹备婚礼，也因他的思想新潮，崇尚俭朴之风，仪式极为简单。为避免新朋好友的馈赠，先期发出的请柬，并未讲明是婚宴，除少数几人知晓内情外，大多数来宾到场后才知道是婚宴。

1934年10月9日《北洋画报》记录了谭北林与郑慧瑚的幸福时刻

　　一对新人在谭家祭告祖先后，双方签署婚书，随即乘车来到民国饭店。7时余，来宾入座。新郎新娘致辞后，继由证婚人管洛声登台讲话，简略一对新人的个人情况，报告二人恋爱、结婚的经过。对谭郑从简举办婚礼给予肯定，称赞他们两人既能尊重礼教精神，又能废除礼教缛节，并希望在座的青年和社会各界人士都来效法这对新人，新事新办。最后，他向一对新人送上美好的祝福。来宾代表天津著名报人、《北洋画报》撰稿人吴秋尘和王伯龙先后发言，言简意永，风趣幽默而不伤大雅，博得阵阵笑声，赢得一片掌声。从头至尾，双方父母并未做任何发言。

　　喜席结束前，有人提议请来宾签名留念，遂在门口铺设一张红纸。但因准备稍晚，近一半的人已经打道回府了。最后留下的50余人合影后陆续散去。李直绳、王诚斋、方地山三位天津名流，合作当场共作一联致贺，联中将新郎新娘的名字嵌入互对，巧不可及。联曰："把臂入琼'林'，地'北'天南偕老；双修圆福'慧'，珊'瑚'玉树交枝"。

奇人梁作友捐款闹剧

1932年12月1日《申报》刊发了一则济南专电称：近有鲁黄县第八区梁家村人梁作友，字仁明者，到济谒韩（复榘）。自称以外侮临头，国难紧急，愿捐家资3000万元，作救国费用。以十之二助军费，十之二助灾民，余六成开发实业，并拟有计划。唯对款之所在及来源秘而不宣，仅云已备妥分存各埠大银行中。昨介绍谒蒋伯诚，蒋一面电何应钦、宋子文报告，并缮两介绍书，由梁面致。梁离济入京，由韩代购头等票二。消息一出，震动全国，《大公报》《京津泰晤士报》《民国日报》《济南日报》等报刊竞相报道。

此后，在南京，国民政府财政部次长李傥、代理行政院院长宋子文、国民党元老张静江、实业部部长陈公博等先后接见了梁作友。梁作友与宋子文达成三项协议：一、国家允许公民捐款救国；二、款项应作国家公用；三、款项用途的分配，权在梁作友，但政府可辅助个人支配用途的方法。梁作友表示，一俟将用款分配方法商妥，两月内即可汇3000万元到京。就在梁作友准备大手笔捐款时，所有人心里都存有一个疑问：这个梁作友是何来头？

见过梁作友的人都说他是个很不起眼的人，身矮背驼，一足跛，脸长而苍黄，虽只有40多岁，却已老态龙钟。而梁作友在接受记者采访时却称，他是山东黄县梁家村人，曾祖父为前清秀才。叔祖在营口经商，开设当地最大的油坊。父亲梁克温于1917年病故。自己4岁时，突患怪疾，卧床四载，后竟不药而愈。8岁时方能行走，但却落得跛足，不良于行。早年曾订婚，成年后，女方嫌其残疾而退婚。他于17岁继承祖业，时家产在数百万元，经营十余年后已达七八千万。但经黄县县长亲赴其家调查得知，梁作友并非黄县富商，家中仅有薄

《北洋画报》对梁作友的漫画

田数亩。后经汉口特别市公安局局长陈希曾查实，梁作友所说3000万元捐款纯系子虚乌有。但梁作友却说，3000万捐款我虽拿不出，但我却有一颗"天下兴亡，匹夫有责"的救国之心，更有一个节约救国的计划，即"全国四万万人，每人一扑满（古时用泥烧制的存钱罐），日纳一铜元，两年一期，期缴二元，十年即可筹足22万"。汉口市公安局遂发布公告云："关于梁作友冒充巨富行骗一案，本应重惩，姑念乡愚，不予深究，着即驱逐出境。"

闹剧被揭穿后，舆论界一片哗然，认为这是一个山野村民对国民政府一次最大的戏耍。著名记者曹聚仁在《题梁作友外传》诗中写道："戴上纸糊冠，走上长安道。长安道上朱轮人，外府爱拥连城宝！闻道辽东献白豕，伛偻嗤看刘老老！武帝雄师正开边，卜式毁家都道好。可怜画饼不充饥，有钱反被无钱恼！"

1933年4月6日《北洋画报》中的《二本梁作友出世》一文，竟筹划着编写《梁作友出世》剧本，"分为若干连本，演出时保准比《包公出世》《狸猫换太子》叫座……试想最末一场，生旦净末丑扮作四万万人民，济济一台，人手一罐，梁作友站在台前喊一声：开！乒乒乱响，铜钱满地。是多好的趣剧啊！"在此文旁边还发表了题为

《救国扑满》的漫画。

但也有人认为，梁作友这一行为是爱国救国、为民请命的义举，正是对当时"拔一毛而利天下而不为"的有钱人的最大嘲讽。教育家陶行知更为梁作友击节拍手，叹为奇人，经多方搜集资料撰成《梁作友传》，拟交商

《天津商报画刊》中的《替梁作友辨（辩）白》一文

务印书馆出版，但手稿被政府查扣。1933年4月20日《天津商报画刊》中的《替梁作友辨（辩）白》一文，则认为梁作友的行动言论确有可取之处，无可厚非，并为他做了三点辩白：

其一，他的3000万计划便是节俭救国，又可说是扑满的理财政策。虽然觉得迂远，但是如果人人真能照他这样计划去办，的确可以富国裕民，只怕是办不到，那就没有可说的了。至于他的计划书，吾们没有看见，不敢妄评，而据各报济南通信，都说他的计划书条理非常清楚，可见他平日对于此事确有研究，并非神经病发作。当他去南方时，与张静江谈过，张也说他头脑很明白，总之，他的计划是对的，不过能做不能做，便是问题了。

其二，他是一个乡下人，对于国家大事，能够这样的关心，这样的研究，也是值得钦佩的一点。无论他的计划究竟如何，只这一点爱国热诚，出之于乡间小民，总算是非常难得了。如果人人都能像他这样关心政治，中国政治的进步必定还要迅速呢。

其三，梁先生家有薄田数亩，自食其力，每天读报看书，留心世界和中国的局势，这种生活也是吾们所应该佩服的。他的几次出头谒见南北当局，只是抱着救国的主旨。从他的行为上看，确也是没有一些自私自利或趁此牟利的意思。现在大家对他差不多都大开玩笑，但从各方面观察，却觉得他倒是真认识了"天下兴亡，匹夫有责"的意义，绝不是什么疯狂的行为，更不是有钻营的意图。

张天师上海放烟火

道教由东汉张陵（又名张道陵）创始，后世称张陵为"天师"或"祖师爷"。其子张衡为"嗣师"，其孙张鲁为"系师"，曰"三师"或"三张"。其传人为其子孙世袭，皆称"天师"。清代开始执掌全国道教，民国后依然如旧。1924年传至第63代张恩溥，居江西省贵溪县龙虎山，镌有"天师"金印。据说，他还藏有祖传法宝数种，能捉鬼除妖，驱邪治病。迨至1928年国民政府定都南京后，江西省当局秉承中央意旨，取消了张天师的所有优厚待遇，取缔其作法资格。张恩溥见大势已去，只得偕眷离赣赴申，做了上海的一名寓公。1933年秋，张天师因在大世界作法

《北洋画报》中的《张天师在沪大世界放烟火》一文

老画报人物志

燃放龙虎山烟火，轰动一时，再次成为新闻人物。1933年10月3日《北洋画报》署名"百吟"的《张天师在沪大世界放烟火》一文，记录了开放、时尚、新潮的上海城发生的这件怪异之事。

黄楚九

被誉为"远东第一游乐场"的上海大世界，是民国初期上海最著名的大型娱乐场所，为浙江人黄楚九投资创办。1931年1月黄楚九病逝后，大世界被青帮大亨黄金荣占有。

上海大世界

1931年"九一八事变"后，日本伺机在上海挑起事端。1932年1月28日晚，日军突然向上海闸北守军第十九路军发起攻击，进攻江湾和吴淞。第十九路军在蔡廷锴、蒋光鼐两将军率领下奋起抵抗。史称"一·二八"淞沪抗战。战斗中，中国军队英勇杀敌，毙伤日军1万余人，打击了日军嚣张气焰，第十九路军和第五军阵亡4000

大世界里的影戏场和大观楼

余人。此后，全国各地以不同方式展开各种追悼纪念活动，祭奠阵亡烈士。

　　淞沪抗战后，上海各业受到很大冲击，一片萧条。位于上海法租界的大世界游艺场，1933年入秋以来，营业极为清淡。该场经理为谋求营业复兴，特想出一个惊世骇俗的新奇招法，以招徕游客——请张天师大放龙虎山烟火。

　　政府早已明令取缔张天师资格，如果明目张胆地请他出来作法，会有违法嫌疑。于是，大世界经理遂以追悼"一·二八"淞沪抗战阵亡将士为名，对外大肆宣传。从9月24日起一连数日，每晚8时整，张天师登坛作法。法场之内布置整洁，气象异常严肃，高搭法台，香烟缭绕。张天师身着八卦仙衣，右手持宝剑，左手端水碗，指手画脚，东跃西跳，口中喃喃念咒，道气十足，神秘莫测。张天师之外复有道众20余人环绕张天师四周，于开坛之后，大敲大打，锣鼓喧天。做法事约半小时后，张天师即行下坛，顿时换作另外一副面孔，与各道众大吃大喝，恣意说笑。让张天师这样一折腾，大世界游客果然较平素突增数倍，在坛前立而围观者人山人海，接踵挨胸。偌大一个大世界一时竟呈人满为患之势。大世界经理私下与人云，可见张天师尚有极强号召力啊！

文章评论称，此为一举两得。一是张天师到沪后极不得意，兹因在大世界放龙虎山烟火，居然引起各方注意，当必欣然自得；二是大世界从此人气上升，生意兴隆，日进斗金，且又可以追悼阵亡将士之名，沽名钓誉，讨得一个好彩头。诚可谓精明商人善于投机呀！

轰动北平的刘景桂枪杀情敌案

1935年4月18日《北洋画报》对刘景桂枪杀情敌案的报道

1935年3月16日上午10时许，河北省北华美术专门学校学生刘景桂在北平私立志成中学宿舍内，向该校女体育教员滕爽连开数枪。滕爽当即毙命，刘景桂遂向警察交枪自首。据刘景桂称，1933年4月11日，师大体育系助教逯明在河北宣化与自己订婚。岂料，此后逯明又与滕爽发生恋情，并于同年11月1日在北平与滕爽结婚。刘景桂认为滕爽横刀夺爱，遂于洋车夫手中以84元大洋购得手枪一支，来到滕爽宿舍除掉情敌。因该案为三角恋情的桃色案件，遂成为人们茶余饭后、街谈巷议的热门话题，北平各大小新闻报刊更是推波助澜，不断炒作。此案在当年到底有多火，读者从《北洋画报》里的图文报道中或可略见一斑。

1935年3月23日《北洋画报》署名"大白"的《论杀人的女子》一文称，女子谋害亲夫另结新欢之事早已见怪不怪，但是谋杀情敌的事却前所未闻。谋害亲夫的行为古往今来都是卑鄙可憎的，而谋杀情敌的勇气倒觉光明磊落，足以表现出匹"妇"不可夺志的精神。此案

惨遭枪杀的滕爽

告诉世人一个道理："娘儿们武装起来，确给了男人一个教训。"剑罗则《挽滕爽女士》中充满对死者的同情和对男主角的谴责："女儿身世，原等微尘，无端弹血横飞，到死模糊难瞑目；男子恩情，胥同流水，底事茧丝自缚，在生消受更伤心。"

4月18日的《兀坐三小时等审记》一文，记述了高等法院第一分院因旁听者人满为患而被迫延期开庭的经过。轰动一时的刘景桂桃色凶杀案，原定于4月11日上午10时开审。记者有一个外国友人对此案很感兴趣，坚邀同往。经记者于前一日向法院探听，必于是日早8时到法院，方有得一席之望。他二人特于7时半离家，抵法院时尚不足8时。但法院审理该案的刑一庭业将告满，疾驰而入，始得两座。四望厅内大半为志成中学及各大学法律系男女学生，间有

一些衣饰摩登的女士。刑庭内如同电影院早场开幕前的场景，叽叽喳喳，谈话声中夹杂女生娇笑声，嘈杂一片。北京大学皇后徐芳也来了，虽有幸挤入，但因未能获得座位，只得伫立引颈，足下的一双新绣花鞋不知被多少人践踏而面目皆非。至9时，赶来旁听的人更多了，除座满外，四周也已站满了人。法院不得已打开楼门，请站立者上楼找座，但不到三分钟，楼上百余座位即被填满，法警只得下令关闭大门。将近10时许，法院某负责人因厅内太过嘈杂，乃高呼："这是国家法庭，不许乱喊，否则将认为妨害公务！"警察也开始四面张罗，勒令站上窗台的人下来，请已将审判台挤压倾斜者向后退。但众人摩肩接踵，无法动弹，根本无人执行。于是，法院只得宣布改期再审，但在场的人根本无人相信。法警原本想打开大门放人外出，结果反将门外久候者放了进来。这样一来，厅内的人就更多了。楼上因拥挤过甚，栏杆也有摇摇欲坠之虞，有一名妇女因不堪忍受，大呼"警察救命"！法院见喊话无济于事，遂写一张"改期开庭"的条幅贴在墙壁上，但人仍不散，且有一名四川口音的学生高呼"请庭长宣布改期理由"！直至11时半，众人见果真开

1935年8月29日二审该案，上图为高等法院一分院院前场景，下图为刘景桂下囚车时留影

庭无望，才悻悻退场。几个女生连连叹息道："今日白白请了四小时假，太不值得了！"

5月9日的《记刘景桂案判决书刊布经过》一文，介绍了新闻媒体对此案报道的火炽。刘景桂、滕爽惨案极为社会各界关注，北平各报纸对此案报道的竞争亦极剧烈，各报记者八仙过海，各显其能，几成斗法局面。如该案检察官起诉书刊登最早的某日报，它之所以能独得此稿，系因该报记者与法院看守所中某职员相熟。刘景桂、逯明当时同时羁押于该看守所，按例起诉书应当送达当事人各一份，故起诉书一到看守所，即为某日报记者抄得全文而捷足先登了。其他各报探得内情，吸取吃亏的教训，于是将力量集中到了抢先刊登该案的判决书全文上，以期获得竞争胜利。与法院有关联的某小报记者在判决书尚在印刷之际就已获得底稿，认为奇货可居，于是分头向各报接洽，凡欲抄此稿者，大报索8元，小报索6元。各报为竞争计，乃各派专人与此人接洽。于是各报分别以6元、5元、2元成交。更有报纸互相联合，由甲报出面购买，然后甲乙两报公用，共同负担费用。该记者发售此稿，一个晚间得洋20元以上。翌日一早此稿刊于各报，而本案的所有关系人尚未收到法院判决书呢！

8月31日的《再审刘景桂记》一文，报道了20多名记者被拒之门外的情景。8月29日是刘景桂、逯明案上诉后在高等法院第一分院公开审判的日子。鉴于前次公审时有人未能挤进的教训，许多人都是天刚亮就到法院排队登记了。6时许，法院门前已是人满为患。7时许，大门开启向里放人。第一批进去的是几位法院工作人员，带进去了数名特约的女客。众人不禁叹道"朝中有人好做官"啊！随后，大家一拥而上，一片混乱。20多位新闻记者夹杂在人群中也试图挤进去，被一位自称法院胡书记官的人拦下。他说，此次公审法庭专设记者席，记者不必去挤，稍后我负责带你们进去。但不一会儿，该管区署长出来了，怒容满面地称，厅内已满，任何人不得入

1935年8月31日《北洋画报》中的《再审刘景桂记》一文

内，遂将铁栅栏关上。记者上前交涉，他说不论是谁也不能进去了！再找胡书记官，已是不见了踪影。有人说，该署长昨天晚上看杨小楼和三大名旦合演的义务戏，凌晨3点多才散场，今早6点又被法院叫起来维持秩序，心里老大地不痛快，所以才大发脾气。被拦在外面的记者们连呼上当受骗了！

1937年5月11日的《关于刘景桂案》一文，介绍了该案的判决结果和众人对该案两种迥然不同的看法。桃色惨案主角逯明宣告无罪，刘景桂被判无期徒刑，经上诉三审后，最高法院将上诉驳回，维持原判。消息传出后，社会上有两种看法。一种人以"淫妇"的眼光注视刘景桂，认为一个女人为了争风吃醋而杀人，是狠毒、无耻。听说刘景桂仅被处以无期徒刑，仍觉得不满，更因不曾看到"骑木驴""游四门"之类的惩罚而感到遗憾，觉得未能"大快人心"。另一种人认为爱情是神圣的，把是非、罪恶都用爱情消释了，认为刘景桂"既失童贞，又被夺爱"，虽然杀人，也是情有可恕。因为同情刘景桂，竟将案情幻想成一部有着圆满结局的电影，期待着将来有朝一日遇有政府大赦，刘景桂必能减刑而重获自由。出狱后，刘景桂与逯明相见时，二人拥抱着接一个热吻，手牵手，夫妻双双把家还。

　　据史料记载：1944年，因国民政府颁布特赦令，刘景桂被开释而重获自由，7月9日下午5时出狱。但此时的刘景桂已经淡出了世人的视线而无人问津，她与逯明是否有着圆满的结局更是不得而知。

王君异的"三无产品"婚礼

《北洋画报》中王君异夫人黄雪影（右）
与王石之夫人喜美子

王君异，本名王才倪，别名王惕，号廖廖居士、婉云山人等，1895年出生于四川宣汉县桃花乡，因排行老大，故人称"大王先生"。1902年入父亲创办的广智小学读书，1908年转入宋更新的私家学馆，翌年复转清溪川东两等学堂。校长王佐卿擅长国画，该校专设置绘画课程，王君异由此开始接触并喜欢上了绘画。1919年考入国立北京美术专门学校（国立北京艺术学院前身），同年秋升入北京艺专后，师承国画大师王梦白、齐白石、姚茫父等，尤受王梦白的艺术影响最大。

王君异擅长国画，花鸟画更是独树一帜，独具特色。他的花鸟画广泛吸收西方绘画优点，用笔奇古，魄力浑厚，自称生平作画毫

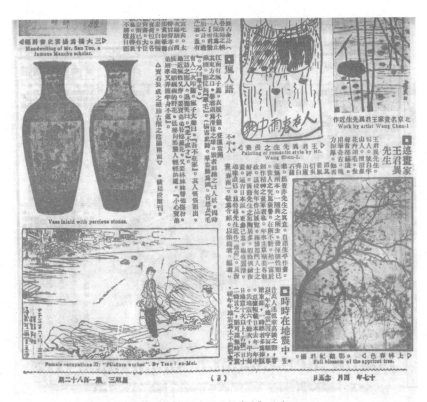

1928年4月5日《北洋画报》中的《述画家王君异先生》一文

无所本，完全随兴所至，因而，其画作创新泼辣，笔墨精妙，造型隽永，各臻其神，探索出花鸟画的一条新途径。他与同一师承的著名画家王雪涛并驾齐驱，平分秋色，并誉为画坛瑜亮。王君异精通漫画，在20世纪30年代有大量漫画作品发表于《世界日报》《东方周报》《华北日报》《北平日报》和《北平晚报》等报刊。他与同学王石之并称"北平漫画二王"。1928年"五三惨案"后，王君异与同学孙之俊等六人"取国耻之日"为名成立"五三漫画会"。1936年他与叶浅予、丰子恺、赵望云、冯棣（老夫子）被推荐为第一届全国漫画展筹备委员。

　　1935年6月13日《北洋画报》署名"无聊"的《王君异结婚记》一文，记述了王君异婚礼上几段令人忍俊不禁的场面。

老画报人物志

1935年6月13日《北洋画报》中的《王君异结婚记》一文

人如其画，王君昇率真通达、恣情任性、不拘礼俗的性格在他的婚礼上得到了充分体现。他与黄雪影的婚礼定于1935年6月4日下午5点在北平新丰楼举行，但却迟迟不见新郎官的身影，直至5点吉时已到，方见他夹杂在来宾中优哉游哉踱入新丰楼。这可把帮忙的朋友们急坏了，赶紧把他捉住换上新郎的礼服，嘴里不住地埋怨道："你能没有忘记来已经是很好的了！"

最为了解他的朋友赶紧问王君昇，今天预备了多少钱开销？王摇头说，一块钱也没有！朋友立刻抓狂了，但也拿他没辙，只得临时找人凑钱，幸亏有志成中学校长吴葆三和山东中学校长郝圣福慷慨相助，钱的问题总算解决了。朋友见客人们都是站着并无落脚之地，就问王君昇，今日来宾有多少人，订了多少桌喜宴？王说，我还没有订桌，不知道要来多少客人。朋友问，十桌总能够了吧？王答，差不多。但十桌开出后，客人仍不断涌入，只得一桌桌地开，最终竟然开了二十余桌！

结婚仪式开始，某附中教员李澄之任司仪。首先由"通俗文学大师"张恨水登台致辞，他说，王先生向来是抱定"多交朋友不结婚"主义的人，今天居然结婚了，大约是英雄难过美人关的缘故吧，由此也可以想见新娘黄雪影把关之紧啊！最后，张恨水则以章回小说惯

◁士女影雪黄人夫昇君王家画漫之祯其结新▷
。赠炯君邵吴。

王君昇夫人黄雪影

用的结尾出场："至于这关是否可以通过，欲知后事如何，且听下回分解。"在全场哄堂大笑中张恨水溜了下来。此时台下有人喊，让王君昇报告与黄雪影恋爱经过，李先生，这关可要把紧些呀！王君昇

听后却来了个打死也不说，坚决不开口。司仪无法，只得宣告："礼成！"

此婚礼最为新潮的是，仪式上并没有一对新人的双方家长，且无装饰，无婚书，无礼金，直截了当，一吃而散，完全如朋友聚餐。整个仪式可称"三无产品"。当日收到的礼品五花八门，美不胜收，多为书画和摄影作品，有女生线云平赠送的糖花一朵，上嵌乌龟一枚。线云平男友刘先生的礼品是一对糖制蘑菇。画家徐操则送了一双糖兔子，礼盒旁还配有一张名片。有人拿起来看了看上面的文字，似乎没大弄懂，只是说，如果仔细读，也是大有文章。

席散后，或许对王君异没有老实交代恋爱经过耿耿于怀，有人带着队伍从饭店又杀至王君异的洞房。在责令王君异执行了抱新娘、吃苹果等节目后，才算放过一对新人，众人各自打道回府。

李绮年、罗舜华互殴案

影星传绯闻是司空见惯之事，小报记者靠炒绯闻混饭吃也是家常便饭，今天这样，民国时期也是如此。1943年7月，时在上海的女影星李绮年与男影星白云的妻子罗舜华，在李绮年家中大打出手，造成双方轻伤，以致对簿公堂。同年8月《明星画报》第5期以《李绮年、罗舜华互殴·白云自杀》为题，详细报道了该案的起因、经

《明星画报》对李绮年、罗舜华互殴案的报道

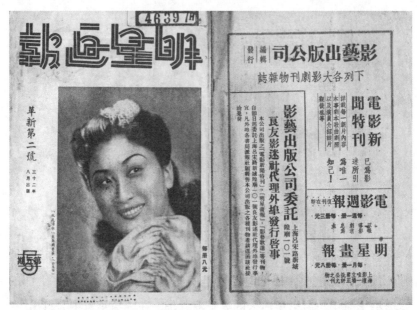

上海的《明星画报》

过、法庭审理和当事人采访的全过程。

三个主角

　　白云，原名杨维汉，广东省大埔县人，妹妹东方明珠也是电影演员。白云自述称，出生于新加坡，父亲经商，幼时就读于当地圣岁威教会学校。十几岁时回到祖国，曾在香港、上海、北平就学。1937年"八一三事变"后赴南京加入抗日救国的组织。南京沦陷后，在西北地区做宣传工作，曾与中国旅行剧团在乡村演出话剧。不久回到汉口，与田汉、史东山相识。后经史东山介绍赴香港，参与拍摄《舞宫春色》《春情烈火》等影片。1939年，受新华影业公司之邀来到上海，但因待遇问题没有谈拢而取消合作。时值国华影片公司在沪招收演员，导演张石川看中了白云，签订拍戏合同。演出《夜明珠》《七重天》《新地狱》等多部电影，获得观众好评。1940年因与金嗓子周璇合演《三笑》《西厢记》《恼人春色》等电影而红极一时。

罗舜华是上海犹太裔房地产大亨哈同的过房孙女，也是一名演员，曾拍摄过《一夜风流》《夕阳》等影片，但都不是主角。与白云结婚后，共同住在哈同花园内，生了两个孩子。

李绮年，广东人，时为香港粤语片当红影星，曾以爱国艺人自诩。1943年应国华影片公司之邀来到上海，当时刚与公司签订和白云合作拍戏的合同尚未开机，就发生了与罗舜华的互殴事件。

案情经过

据当年新闻报道，事情发生在1943年7月18日早晨。罗舜华偕同白云的秘书殷英杰到李绮年家中登门造访，可是，双方还没说上几句话，便大打出手，上演一出全武行。结果李绮年的佣人喊了巡捕，所有当事人均被带进巡捕房。20日即解送上海特二法院刑八庭讯办。数日后，法庭开庭审理了此案。

开庭前，李绮年坐在法庭门口的长凳上，与所雇律师徐克绳窃窃私语，讨论庭供。李绮年身穿阴丹士林蓝色短旗袍，白鸡皮鞋，左手戴一只镶钻的方形手表，右手握一只白方块赛格皮夹，鼻梁上架着一副阔边太阳镜。面部已有一部分毁损，抹了许多红药水，一条白色麻纱手帕掩住了脸部，远远看去像是一个蒙面人。被告罗舜华未能到庭，委请律师沈镛代理出庭。

11时半，推事施中和传谕开审。先由法租界行政当局代表律师许武芳起立陈述起诉意旨，略谓："本案双方均有伤害，有广慈医院传单可凭，故双方均为告诉人。现行政当局依刑法二七七条第一项伤害罪，对两被告提起公诉。"

罗舜华的辩护律师沈镛称："因罗舜华受伤颇重，自广慈医院验伤后，即入福熙路南洋医院医治，今天不能遵传到庭，请庭上展期再讯，下次庭讯定可到案受讯。"

法庭先传李绮年。她很淡定地向法庭陈述道："今年30岁，广东人，住海格路355号内3号房间。在本月18日上午9时半，我穿了背心正在房中和女朋友陈慧莹谈天，忽然所雇用的老妈子进来对我说，外面有白云太太罗舜华带了一个男人一同来，要见太太，不知要请他们进来否？我听了便点点头，请他们进来。因为我穿的衣服不雅观，便叫陈小姐先招呼他们一下，我进浴室加穿了一套白色的外衣和长裤。我从浴室出来时，他们已在房中坐定。我就笑着问她：'到此有什么公事？那位男友是谁？'她很生气地回答：'这位是白云的秘书殷英杰，我今天来的目的你知道吗？就是有人在外面乱造我谣言，说我滥交男友，和人开房间。这些话有人告诉我都是你在外面放的空气！'我当时便劝她不要听信旁人的话，离间我们。不料，她不问理由，便把一只指头指在我的脸上说，如果不是你说的，你有胆对天发誓吗？我说，我是信教的，不能跪下来，但是我可以发誓，我与白云没有一些关系，心中也没有一些爱他的私心，因为我在两年前已与徐续宇医师订了婚，假使我有爱白云的心而搬弄是非，使你们夫妻不好，我不得好死！我说了这样的话，她还不相信，竟用手拉住我的头发便打，把我的左眼部抓破，再用我的高跟白皮鞋打我头部，致一只高跟也因此脱落。请庭上想想，我是靠做戏吃饭的，现在我的面容被毁，将来根本不能再演戏了！"说至此，她不禁号啕大哭起来。情绪稍微稳定后接着说道："我被她打得没法，因她身材高大，连陈小姐也不敢上来相劝，而她带来的那位白云秘书殷英杰，反而拉住我的手，由她来打我。后来，陈小姐弄得没法，便叫老妈子出去，叫站岗的安南巡捕来。她始不打。但却避到我的浴室去，迨她出来时，已自己把面部抓破，硬说是我打的。所以，我们两造一同到捕房里去，分别送广慈医院验伤。我曾经问过那位验伤的医生，将来我的面容会破相吗？他说，不能保险。所以，我要请庭上保留附带民事讼诉，俾得追偿损失。至于殷英杰，他是帮凶，我亦要告他,请庭上把他也列入被告之内。"

法庭旋即传证人陈慧莹。她穿蓝布工装,外套白底红花的外衣,身材健美。她说:"广东人,20岁,和李绮年住在一起。出事那天,罗舜华来责问李小姐,说她搬弄是非,结果李小姐矢口否认,罗就动手打她。我那时吓得发抖,一时没有主意。不过,罗舜华与李小姐争吵的时候,罗的脸上根本没有伤,我看她进浴室内自己把脸抓破的。"法庭乃诘问她:"你说罗舜华脸上的伤是自己做上来的,那么,广慈医院伤单上说她的腿部、身上还有伤,也是她自己做的吗?"陈答:"其余的伤,我不知道,只知道脸上是她自己抓破的。"

法庭再传证人兼被告殷英杰。他衣青色上衣,白帆布裤。他说:"就是白云的秘书,因为罗舜华不认识李绮年的住址,叫我陪她一同去。当时她是很和平的,请李小姐原谅,不要在外面胡言乱语地破坏她的名誉。不料,李小姐一口推说上海话不懂,并且很凶地说,这里是我的住房,闲人不能入内,命我们不许在此地瞎说,滚出去!说完了这些话,又打了杨太太(即罗舜华)一记耳光,于是,两人就动起手来。我当时拉住杨太太,陈小姐也拉住李小姐。此时,我看杨太太脸上已有了伤。隔了一会儿,李小姐又上来,把杨太太带来的白鸡手提包掼在地上,用高跟鞋乱踏,致皮包内化妆品,如粉盒、唇膏等,均被踏碎。李小姐踏了皮包不算,再把墙上的镜框掷杨太太。我乃上前夺下,故呈案的镜框架子已脱落。"

法庭调查完毕,因被告中罗舜华不到,难以结案,即谕示本案改期再讯。李绮年、殷英杰两被告均交保后准先由辩护律师胡永生、徐克绳、沈镛责付保出。就在将要退庭之时,罗舜华的律师沈镛忽然起立说:"现有白鸡皮皮包一只,系罗舜华所有,上有践踏的脚印,为李绮年所踏,请庭上核对脚印便知。"李绮年的律师胡永生也起立说:"罗舜华此次经合法票传,有意不到庭上,而去住在医院里,显系情虚畏罪,在改期中,或有勾串口供与伪造伤势之虞,请庭上立派法医到南洋医院检验。"法庭以本案双方在广慈医院已验有伤单，均为轻微伤害，无须再去检验。

记者采访

《明星画报》的记者敏之曾先后到两位当事人家中采访。记者在公寓中见到的李绮年早已失去昔日舞台或银幕上的风韵，深黄的脸色，鲜红可怕的伤痕，精神也颓废得厉害。几句客套话后，便谈到那天早晨的"开打"了。李绮年说："这真是飞来的横祸！那天早晨，罗舜华偕了殷英杰来寓访问，一进门还是若无其事的，我也不知道会发生这种意外的事，就做了简单的寒暄。罗舜华突然说，最近有人在破坏我们夫妇的情感。我说，这倒真是可恶，是谁呀？谁知道她竟会伸长了手臂，手指头指在我的脸上说，是你！我一怔，简直有些摸不着头脑地说，你别胡说！可是罗舜华竟蛮不讲理，接下来便是一个耳光。这倒使我恼了，我当然也不甘示弱，便说，你别动手动脚，你要记得君子动口不动手的名言。可是她并没有理我，下面仍旧是一阵乱打，并且她还到窗台上拿了一只我的皮鞋，在我头上狠命地打。殷英杰呢，说是来劝解的，然而当罗舜华将我尽打的时候，反伸开了手臂抱住了我，使我没有方法抵抗。他简直就是一个帮凶！"

记者问起此事的原因，李绮年说："已经有好多次了，她都叫我为她介绍入剧团演戏，但是因为她的国语不行，以致没有成功，也许她是怀恨在心吧！"

从李绮年家中出来，记者又来到了哈同花园。就在荷花池畔的一所精致房屋内见到了白云的太太罗舜华。她是中西合璧的杰作（她的父母中，有一位是西洋人），所以，生得很有西洋人的风度，长长的身材，高高的鼻子，脸上也有三道手指划痕。她气愤地说："李绮年真不讲理，好端端地对外界造谣言：一回说我和男朋友在霞飞路'DDS'，一回说我和男朋友在'飞腾'，一回又说我和男朋友在哪里跳舞，而且这许多的男朋友又都是外国人。以致使我和白云的情感发生了误会。谁不知道我有一个美满的家庭呢？谁又不知道我们已经是两个孩子的父母了呢？难道我们的家庭可以任她来破坏，以致分裂吗？第一回可以忍耐，第二回也可以忍耐，难道第三回、第四回还可以忍耐吗？所以，我打算到她家中去解释清楚。谁知道她竟蛮不讲理，动手便打，并且还用玻璃架来敲我的头！她说她的脸上有伤，我的脸上也有伤，她说她的一条伤要我赔10万元，那我脸上共有三条伤，该赔我30万元！"

谈及出事的原因，罗舜华说："大约是李绮年羡慕我的家庭吧！"而记者却透露说，罗舜华跟她丈夫白云一样，也是个风流人物，不时有风流事件演出。最近这位杨太太在"DDS"与一位碧眼儿男朋友有过热烈的演出，有人目睹了情形，告诉白云知道。气得白云和罗舜华大闹一场，甚至白云为这事服了过量的安神药片预备自杀。幸亏及时送到医院，昏迷了两天，经过灌肠抢救才得以苏醒。那位具有西洋风格的杨太太却认为这事是"风流寡妇"李绮年在搬弄是非，于是带了殷英杰直捣李寓，大兴问罪之师，结果才弄出这桩"话把戏"来。

据史料记载，该案未再次开庭审理，经法院调解，罗舜华向李绮年赔礼道歉了事。白云与国华影片公司1942年签订了合同，但因全体导演不予合作而一直空闲至1943年上半年。年中，李绮年来到国华公司，方才着手开工拍摄。此案发生前，李绮年与白云刚刚与国华影片公司订立一部合作影片，但因此次事件再度搁浅。不久，白云与罗舜华因感情破裂而宣告离婚。